Anton Paulus

Alte Geschichte auf einen Blick

Eine illustrierte Zeitleiste
von der Steinzeit bis zum Ende des Römischen Reiches

Auer Verlag GmbH

Gedruckt auf umweltbewusst gefertigtem, chlorfrei gebleichtem
und alterungsbeständigem Papier.

1. Auflage 2010
Nach den seit 2006 amtlich gültigen Regelungen der Rechtschreibung

Illustrationen: Steffen Jähde
Satz: connova GmbH, Appenweier
Druck und Bindung: Franz X. Stückle Druck und Verlag, Ettenheim
ISBN 978-3-403-06245-5

www.auer-verlag.de

Inhaltsverzeichnis

Vorwort 4

Aufbau und Einsatz der Kopiervorlagen 5

Das Zeitleisten-Panorama im Klassenzimmer 7

Überblicksseiten

Gesamtüberblick 9
Übersicht über die Antike in Europa 10
Übersicht über die Antike in Europa 11
2900 v. Chr. – 1900 v. Chr. 12
1900 v. Chr. – 900 v. Chr. 13
900 v. Chr. – 700 v. Chr. 14
700 v. Chr. – 500 v. Chr. 15
500 v. Chr. – 300 v. Chr. 16
300 v. Chr. – 100 v. Chr. 17
100 v. Chr. – 100 n. Chr. 18
100 n. Chr. – 300 n. Chr. 19
300 n. Chr. – 500 n. Chr. 20

Vertiefungsseiten

Die Phasen der Vorgeschichte (1 Mio. v. Chr. – 2000 v. Chr.) 22

Die Geschichte Ägyptens und der Bau der Pyramiden (5000 v. Chr. – 395 n. Chr.) 24

Die Entwicklung des Perserreiches (3200 v. Chr. – 330 v. Chr.) 25

Die frühe Geschichte des Volkes Israel (2000 v. Chr. – 538 v. Chr.) 26

Griechenland in der Antike auf einen Blick (2000 v. Chr. – 30 v. Chr.) 27

Die Geschichte Spartas (800 v. Chr. – 300 v. Chr.) 28

Die Zeit der Tyrannis in Athen (700 v. Chr. – 250 v. Chr.) 29

Die Perserkriege (559 v. Chr. – 330 v. Chr.) 30

Der Peloponnesische Krieg (484 v. Chr. – 404 v. Chr.) 32

Alexander der Große (384 v. Chr. – 280 v. Chr.) 34

Die Geschichte Roms auf einen Blick (750 v. Chr. – 476 n. Chr.) 35

Roms Aufstieg in Italien (498 v. Chr. – 272 v. Chr.) 36

Die Punischen Kriege (272 v. Chr. – 201 v. Chr.) 38

Die Eroberung des Ostens (215 v. Chr. – 132 v. Chr.) 40

Marius, Sulla und Pompeius (138 v. Chr. – 48 v. Chr.) 42

Caesar (100 v. Chr. – 44 v. Chr.) 44

Augustus (63 v. Chr. – 14 n. Chr.) 45

Die Römer in Germanien (113 v. Chr. – 260 n. Chr.) 46

Die Entstehung des Christentums (30 n. Chr. – 550 n. Chr.) 48

Vorwort

Im Geschichtsunterricht werden Epochen und Ereignisse meist als Einzelthemen behandelt. So fehlt vielen Schülern das Gespür, wo sich diese Themen geschichtlich einordnen lassen und wie sie chronologisch aufeinanderfolgen. Wann entstanden eigentlich die ersten Pyramiden? Haben Caesar und Augustus zur gleichen Zeit gelebt? Und wie lange herrschte Alexander der Große? Die einprägsamste Möglichkeit, geschichtliche Abläufe zu vermitteln, ist eine detaillierte, aber dennoch übersichtliche Zeitleiste. Die Schüler bekommen auf einen Blick eine Vorstellung von zeitlichen Dimensionen und geschichtlichen Zusammenhängen.

Im vorliegenden Band finden Sie eine ausgearbeitete Zeitleiste mit den wichtigsten Persönlichkeiten, Ereignissen und Strömungen der Antike. Der Schwerpunkt liegt dabei auf lehrplanrelevanten Themen, die Sie in Ihrem Geschichtsunterricht behandeln. Diese werden jedoch nicht isoliert betrachtet, sondern in den jeweiligen politischen und kulturgeschichtlichen Kontext eingebettet.

Die 30 Kopiervorlagen decken zum einen überblicksartig die gesamte lehrplanrelevante Geschichte der Antike ab, zum anderen beleuchten sie 19 ausgewählte Schwerpunktthemen intensiver – wie z.B. die Perserkriege, Roms Aufstieg in Italien oder die Entstehung des Christentums.

Durch ansprechende Illustrationen mit hohem Wiedererkennungswert prägen sich die Schüler die zentralen Köpfe und historischen Einschnitte noch leichter ein. Eine solche Zeitleiste eignet sich für den Einsatz in allen Klassenstufen und kann den Schüler durch seine gesamte Schulkarriere begleiten.

Sie können die Kopiervorlagen vielseitig nutzen, ob zur Klassenraumgestaltung, als Arbeitsblätter oder zur Wiederholung. Neben den Bänden für den Geschichtsunterricht erscheinen in dieser Reihe auch Bände für die Fächer Deutsch und Musik. Die Bände lassen sich kombinieren und ermöglichen so fächerübergreifende Bezüge. Sie verdeutlichen Ihren Schülern die Mehrschichtigkeit jeder geschichtlichen Entwicklung, die sich grundsätzlich auf unterschiedlichen, sich gegenseitig beeinflussenden Ebenen, wie Politik, Wirtschaft und Kultur, abspielt.

Alte Geschichte sehen und verstehen! Mit dieser Unterrichtshilfe machen Sie die schwer zu vermittelnde Dimension Zeit und das Dickicht der geschichtlichen Daten und Fakten durchschaubar – und das auf einen Blick!

Aufbau und Einsatz der Kopiervorlagen

Die Kopiervorlagen sind folgendermaßen aufgebaut:

Die Seiten 9–20 (Überblicksseiten) geben einen lückenlosen Überblick über die Geschichte der Antike. Jede Überblicksseite bildet maßstabsgetreu die wichtigsten Ereignisse und Epochen, sowie geschichtliche Figuren und Hintergründe ab. Die Seiten führen sich fort, der Zeitstrahl schließt immer genau an die nächste Seite an, wenn man die Blätter im Querformat nebeneinander platziert.

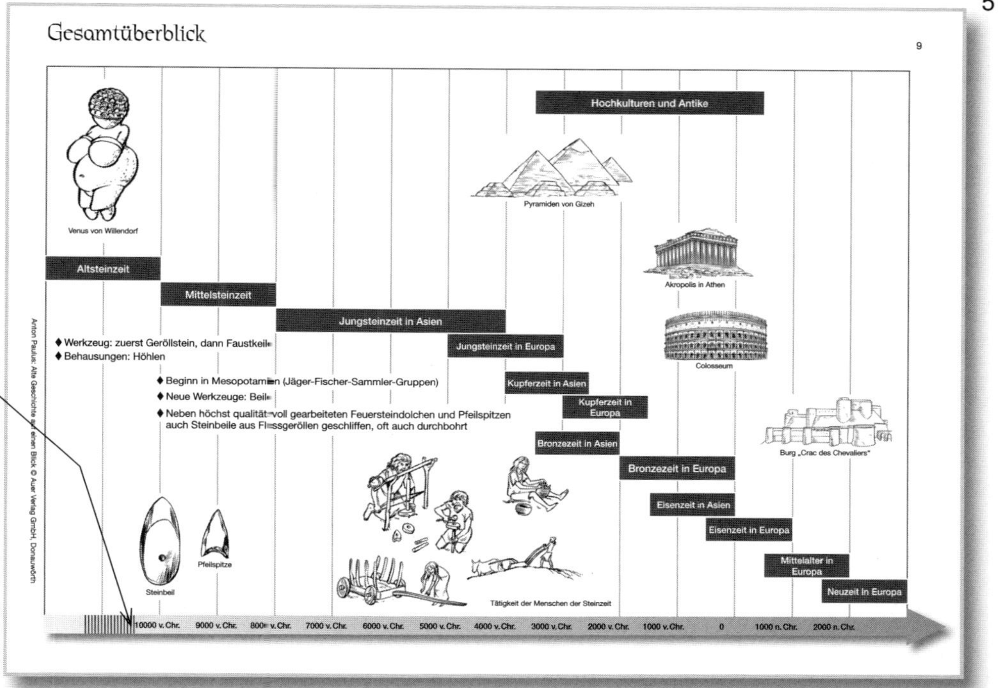

Die Seiten 22–48 (Vertiefungsseiten) stellen mithilfe einer Zeitleiste ein bestimmtes Thema detaillierter dar. Wie durch eine Lupe wird ein thematisch geschlossener Ausschnitt aus dem Geschichtsüberblick näher beleuchtet. Die Vertiefungsseiten behandeln lehrplanrelevante Themen aus Ihrer Unterrichtspraxis. Sie bilden historische Epochen, das Leben einer bestimmten Persönlichkeit oder den Verlauf wichtiger Kriege und Eroberungen ab. Der Zeitabschnitt der Vertiefungsseiten wird dem Thema entsprechend gewählt und folgt somit nicht dem Maßstab der Überblicksseiten.

Der Zeitstrahl befindet sich auf jeder Seite unten.
Epochen und Zeiträume sind mit dicken, schwarzen Balken mit weißer Schrift markiert.
Kriegszeiträume werden durch Balken mit Speerspitze angezeigt.
Wichtige Schlachten sind mit dem Symbol gekreuzter Säbel gekennzeichnet, andere punktuelle Ereignisse durch eine Raute ♦.
Lebens- und Regierungsdaten und –zeiträume zentraler Politiker, Herrscher, Schriftsteller oder Philosophen werden durch graue Balken markiert.

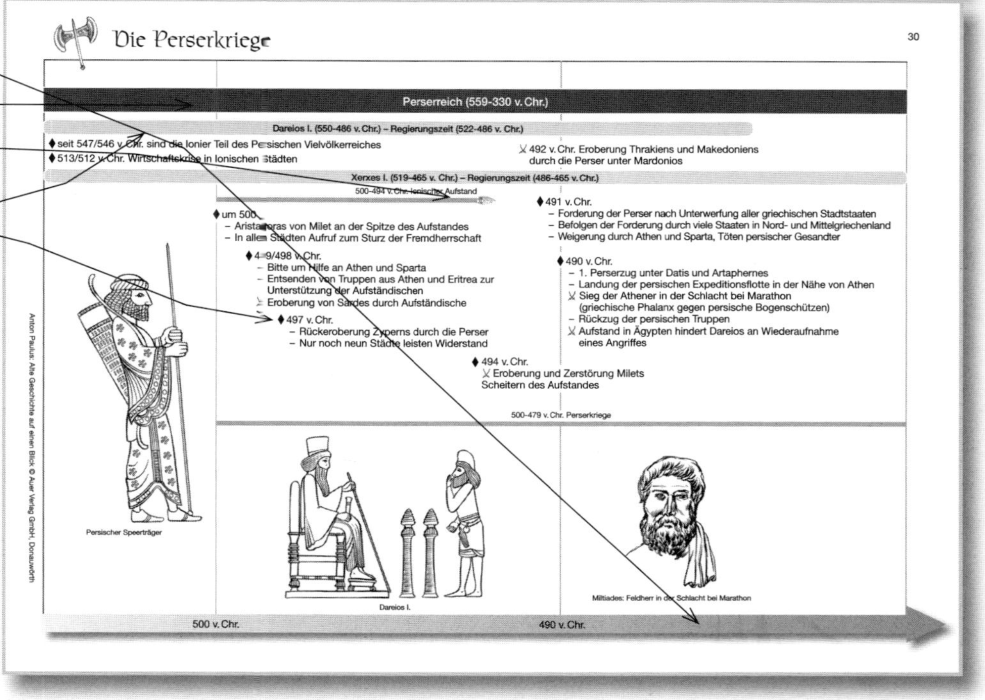

Die Kopiervorlagen in diesem Band lassen sich auf unterschiedlichste Art und Weise in Ihren Unterricht integrieren. Im Folgenden finden Sie einige Vorschläge für den Einsatz:

- Die Überblicksseiten lassen sich fortlaufend an einer Wand des Klassenzimmers befestigen. So haben die Schüler den Überblick über die Geschichte der Antike täglich vor Augen, prägen ihn sich ein und verinnerlichen eine realistische Einschätzung der Zeit.
- Die Zeitleisten-Wand entsteht entweder im Laufe des Unterrichts parallel zur Behandlung des jeweiligen Stoffes oder sie kann auch schon von Anfang an vom Lehrer komplett vorgegeben werden und von Schuljahresanfang integraler Bestandteil der Klassenzimmerdekoration sein.
- Die Seiten lassen sich auch auf DIN A3 oder sogar DIN A2 vergrößern und an großflächigeren Wänden des Schulhauses (z. B. im Foyer oder in der Aula) als überdimensionales Zeitleisten-Panorama aufhängen.
- Die Schüler können die Seiten ausmalen und durch Bilder, Zeitungsausschnitte, Textpassagen usw. weiter ausschmücken.
- Die Schüler können sich aus den Kopien der Überblicksseiten auch ein Leporello basteln, bei dem ähnlich wie bei der Wandgestaltung ein Zeitleisten-Panorama gestaltet wird. Das Leporello lässt sich nach Gebrauch immer wieder auf Heftgröße (DIN A4) zusammenfalten. Ein solches Leporello kann Ihre Schüler durch ihre gesamte Schulkarriere begleiten und noch bei der Abschlussprüfung – sei es Haupt-, Realschulabschluss oder Abitur – als Überblick über den Lernstoff dienen und ihnen helfen, geschichtliche Ereignisse, Strömungen und Epochen historisch zu verorten.
- Die Vertiefungsseiten können bei der Klassenraumgestaltung an der entsprechenden Stelle unterhalb der Überblickszeitleiste angebracht werden, sodass Ihre Schüler diese unmittelbar in den jeweiligen geschichtlichen Kontext einordnen können. Hierdurch wird deutlich, dass eine Vertiefungsseite wie durch eine Lupe einen bestimmten Abschnitt der Antike genauer betrachtet. Auf Seite 7 wird dargestellt, wie eine Zeitleistenwand zur Alten Geschichte gestaltet werden kann. Sie können immer nur die Vertiefungsseite des im Moment behandelten Themas an die Wand hängen, Sie können die Vertiefungsseiten aus vorherigen Unterrichtseinheiten aber auch hängen lassen.
- Die Alte Geschichte im Überblick kann neben den Vertiefungsseiten auch durch andere im Unterricht behandelte Themen ergänzt werden. Schnell erkennen die Schüler das Wachstumspotenzial der Zeitleiste und finden großen Spaß daran, sie individuell zu erweitern. Sie können mit den Schülern zusätzliche Vertiefungsseiten gestalten oder aber auch Fotos, Zeichnungen, Postkarten, Textausschnitte etc. mit entsprechenden Daten einfügen. Auf diese Weise haben Ihre Schüler ständig den Standort des gerade behandelten Unterrichtsstoffes auf der Zeitleiste vor Augen.
- Sie können die Vertiefungsseiten auch gut als Arbeitsblätter verwenden, wenn Sie in Ihrem Unterricht Themen wie das Römische Reich oder Griechenland in der Antike behandeln. Sie eignen sich auch gut zur Zusammenfassung oder Wiederholung von Lerninhalten.
- Die Schüler können eine Vertiefungsseite auch als Heftumschlag um ihr Heft zum jeweiligen Thema kleben.

Das Zeitleisten-Panorama im Klassenzimmer

← Überblicksseiten

← Vertiefungsseiten

Die Überblicksseiten (Seiten 9–20) lassen sich entsprechend der Darstellung fortlaufend an einer Wand des Klassenzimmers befestigen. Sie benötigen dazu eine Länge von ca. 3 m, wenn Sie die Seiten auf DIN A4 kopieren.

Auf der Skizze ist dargestellt, wie die Vertiefungsseiten der Zeitleiste zugeordnet werden können.

Überblicksseiten

Gesamtüberblick

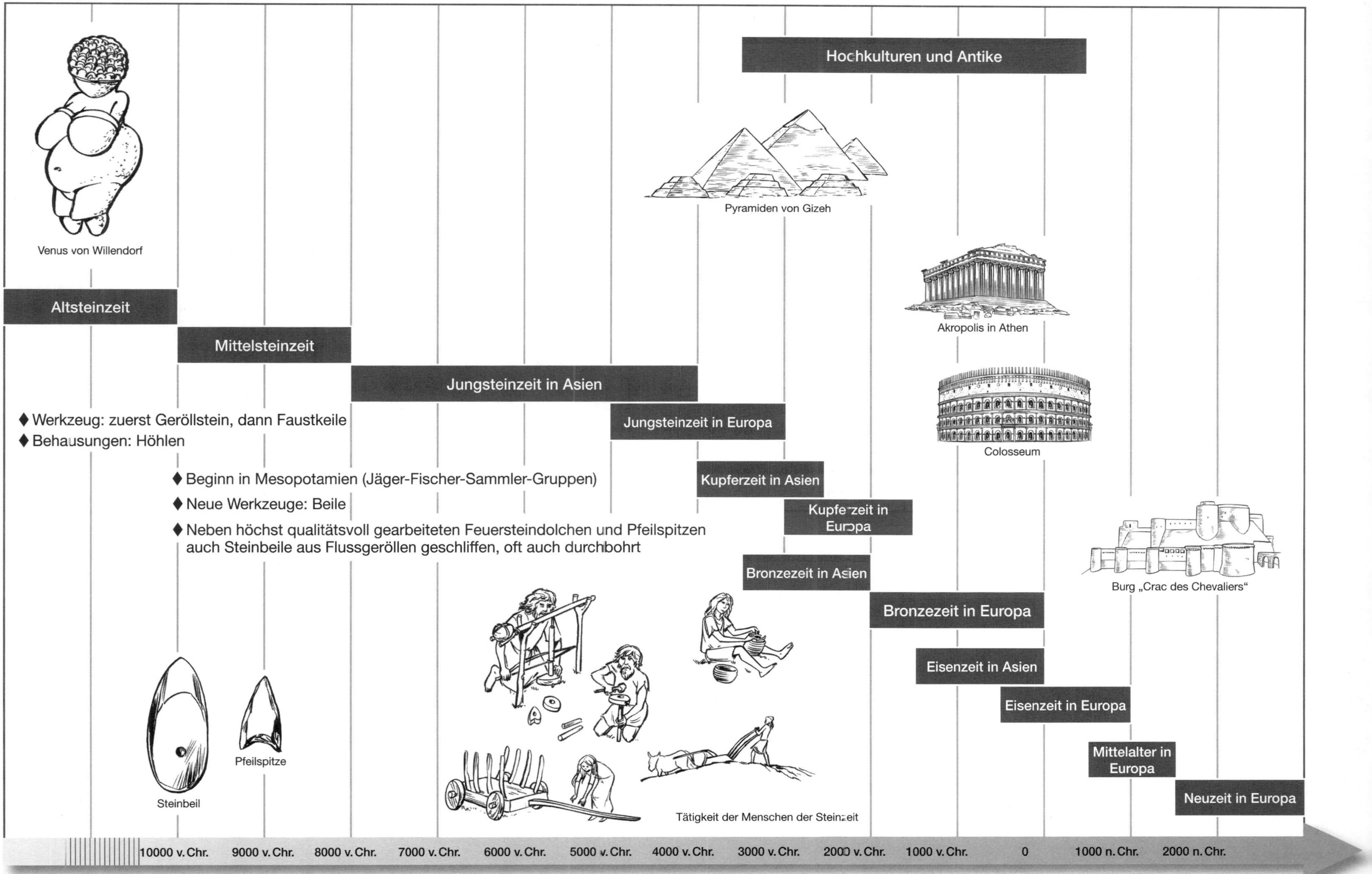

Übersicht über die Antike in Europa

Mittelhelladikum

♦ Einwanderung indoeuropäischer Stämme nach Griechenland

Minoische Kultur auf Kreta

♦ Erste Hochkultur Europas

♦ Entstehen der Palastkultur auf Kreta

Mykenische Kultur auf dem Festland

Minoische Doppelaxt

sog. Totenmaske des Agamemnon

Dark Ages – das Dunkle Zeitalter

♦ Untergang der Palastkultur

Neue Einwanderungswellen nach Griechenland

Ionische Wanderung

♦ Kolonisation Kleinasiens und der ägäischen Inseln

2000 v. Chr. | 1900 v. Chr. | 1800 v. Chr. | 1700 v. Chr. | 1600 v. Chr. | 1500 v. Chr. | 1400 v. Chr. | 1300 v. Chr. | 1200 v. Chr. | 1100 v. Chr. | 1000 v. Chr. | 900 v. Chr. | 800 v. Chr.

Übersicht über die Antike in Europa

Rom und Italien

♦ Gründung Roms 753 v. Chr.

♦ Ende des etruskischen Stadtkönigtums

♦ Kelteneinfälle

♦ Samnitenkriege

♦ Unterwerfung Süditaliens

Kapitolinische Wölfin
mit Romulus und Remus

Rom und die Länder am Mittelmeer

♦ Punische Kriege

♦ Errichtung der Provinz Africa

♦ Errichtung der Provinz Asia

♦ Neuordnung des Ostens (Pompeius)

Theodora, oströmische Kaiserin

Spätantike

♦ Diokletian

♦ Konstantin

Beginn der Völkerwanderung ♦

Teilung des Römischen Reiches ♦

Republik in der Krise

♦ Gracchen

♦ Bundesgenossenkrieg

♦ Sulla ♦ Caesar

♦ Annexion des ptolemäischen Ägyptens

Archaisches Zeitalter

♦ Griechische Kolonisation, Homer, Sparta, Solon, Tyrannis, Kleisthenes

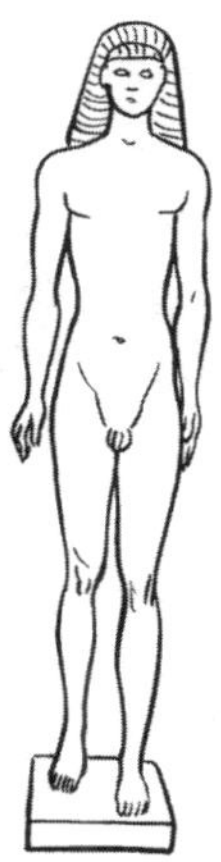

Archaische Statue

Klassisches Zeitalter

♦ Perserkriege, Peloponnesischer Krieg, Theben, Philipp II. von Makedonien

Klassische Statue

Hellenistisches Zeitalter

♦ Alexander, Diadochen

Die Kaiserzeit

♦ Augustus

♦ Julisch-Claudische Dynastie

♦ Flavische Dynastie

♦ Severische Dynastie

♦ Christenverfolgung

Augustus

Alemannische Fibel

800 v. Chr. | 700 v. Chr. | 600 v. Chr. | 500 v. Chr. | 400 v. Chr. | 300 v. Chr. | 200 v. Chr. | 100 v. Chr. | 0 | 100 n. Chr. | 200 n. Chr. | 300 n. Chr. | 400 n. Chr.

2900 v. Chr. - 1900 v. Chr.

Frühdynastische Zeit

Altes Reich in Ägypten (2707-2170 v Chr.)

Erste Zwischenzeit

Minoische Kultur

Mittleres Reich (2020-1793 v. Chr.)

Pyramiden von Gizeh

Minoisches Doppelbeil

Büste des Mittleren Reiches

2900 v. Chr. | 2800 v. Chr. | 2700 v. Chr. | 2600 v. Chr. | 2500 v. Chr. | 2400 v. Chr. | 2300 v. Chr. | 2200 v. Chr. | 2100 v. Chr. | 2000 v. Chr. | 1900 v. Chr.

Mykenische Kultur (ca. 1600-1075 v. Chr.)

Minoische Kultur (2000-1200 v. Chr.)

Echnaton

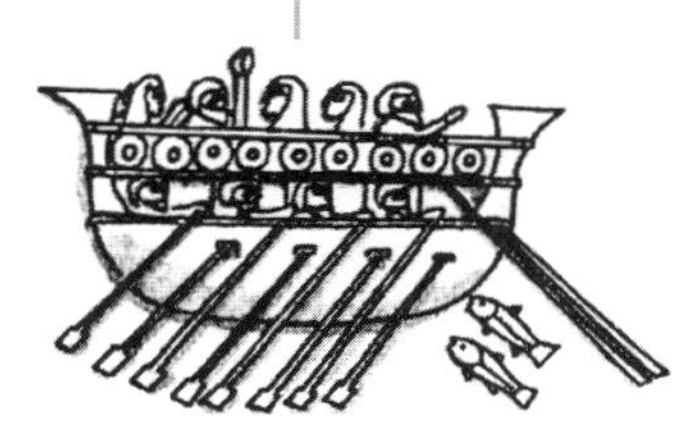
Phönizier

Hiram I.
(999-936 v. Chr.)

Mittleres Reich

Neues Reich (1550-1070v. Chr.)

Zweite Zwischenzeit (1794-1550 v. Chr.)

Dritte Zwischenzeit

♦ Kämpfe mit den Hyksos

Geflügelter Löwe (hethitisch)

Abu Simbel

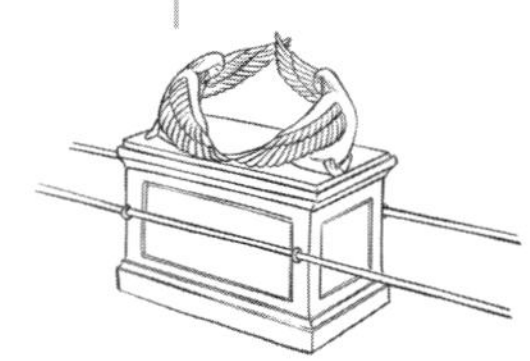
Bundeslade

Hethitische Reiche (1665-1190/1180 v. Chr.)

König David
(~1006-966 v. Chr.)

♦ ab 1500 v. Chr. Eindringen israelitischer Stämme nach Palästina

König Salomo
(~966-926 v. Chr.)

♦ um 1200 v. Chr. Bildung des Zwölfstämmebundes

1900 v. Chr. | 1800 v. Chr. | 1700 v. Chr. | 1600 v. Chr. | 1500 v. Chr. | 1400 v. Chr. | 1300 v. Chr. | 1200 v. Chr. | 1100 v. Chr. | 1000 v. Chr. | 900 v. Chr.

900 v. Chr. - 700 v. Chr.

Archaisches Zeitalter (800-500 v. Chr.)

Spartiate

♦ 900 v. Chr. Gründung Spartas

♦ Gründung Karthagos

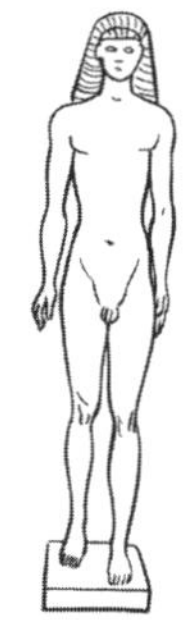

Archaische Statue

♦ 750 v. Chr. Homer verfasst „Ilias“ und „Odyssee“

Homer

Dritte Zwischenzeit (1070-664 v. Chr.)

Assyrer

Phryger

Neuassyrisches Reich (ca. 911-610 v. Chr.)

Etrusker in Italien (ca. 800-400 v. Chr.)

Etrusker

Kapitolinische Wölfin mit Romulus und Remus

Römische Königszeit (sagenhaft sieben Könige)

♦ 753 v. Chr. Sagenhafte Gründung Roms

900 v. Chr. | 880 v. Chr. | 860 v. Chr. | 840 v. Chr. | 820 v. Chr. | 800 v. Chr. | 780 v. Chr. | 760 v. Chr. | 740 v. Chr. | 720 v. Chr. | 700 v. Chr.

700 v. Chr. - 500 v. Chr.

Archaisches Zeitalter in Griechenland (800-500 v. Chr.)

Solon (640-560 v. Chr.)

Solon

♦ 585 v. Chr. Sonnenfinsternis, von Thales von Milet vorhergesagt

♦ 560 v. Chr. Peisistratiden, ältere Tyrannis

♦ 550 v. Chr. Peloponnesischer Bund

509-507 v. Chr. ♦ Reformen des Kleisthenes

Griechische Kolonisierung (~ 700-550 v. Chr.)

⚔ 28.5.585 v. Chr. Schlacht am Halys

♦ 525 v. Chr. Ägypten wird von den Persern erobert

Herrschaft der Achaimeniden in Persien (700-559 v. Chr.)

Persisches Großreich (559-330 v. Chr.)

Spätzeit Ägyptens (664-332 v. Chr.)

Dritte Zwischenzeit

Kyros II (585-529 v. Chr.)

Xerxes I. (519-465 ...

♦ 546 v. Chr. Lydien wird persische Provinz

Kroisos (590-541 v. Chr.)

Dareios I. (549-486 v. Chr.)

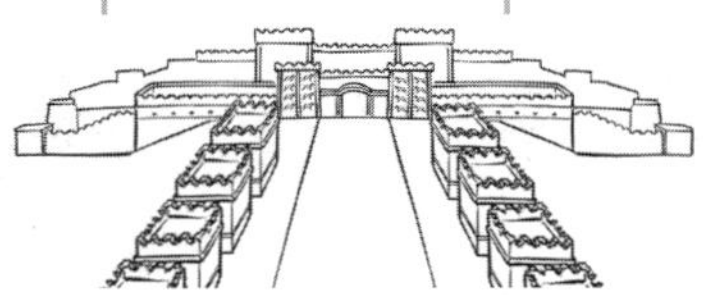

Babylon

Neubabylonisches Reich (626-539 v. Chr.)

Herrschaft Nebukadnezars II. (605-562 v. Chr.)

⚔ 597 v. Chr. Zerstörung Jerusalems

♦ 586-538 v. Chr. „Babylonische Gefangenschaft“

♦ ~600 v. Chr. Gründung eines Zwölfstädtebundes

♦ 539 v. Chr. Eroberung Babyloniens durch Kyros II. Babylonien wird persische Provinz

♦ Rückkehr der Israeliten nach Palästina

Neuassyrisches Reich (ca. 911-610 v. Chr.)

Etrusker in Italien (800- ca. 400 v. Chr.)

Römische Königszeit (sagenhaft sieben Könige) (~ 753-509 v. Chr)

700 v. Chr. | 680 v. Chr. | 660 v. Chr. | 640 v. Chr. | 620 v. Chr. | 600 v. Chr. | 580 v. Chr. | 560 v. Chr. | 540 v. Chr. | 520 v. Chr. | 500 v. Chr.

500 v. Chr. - 300 v. Chr.

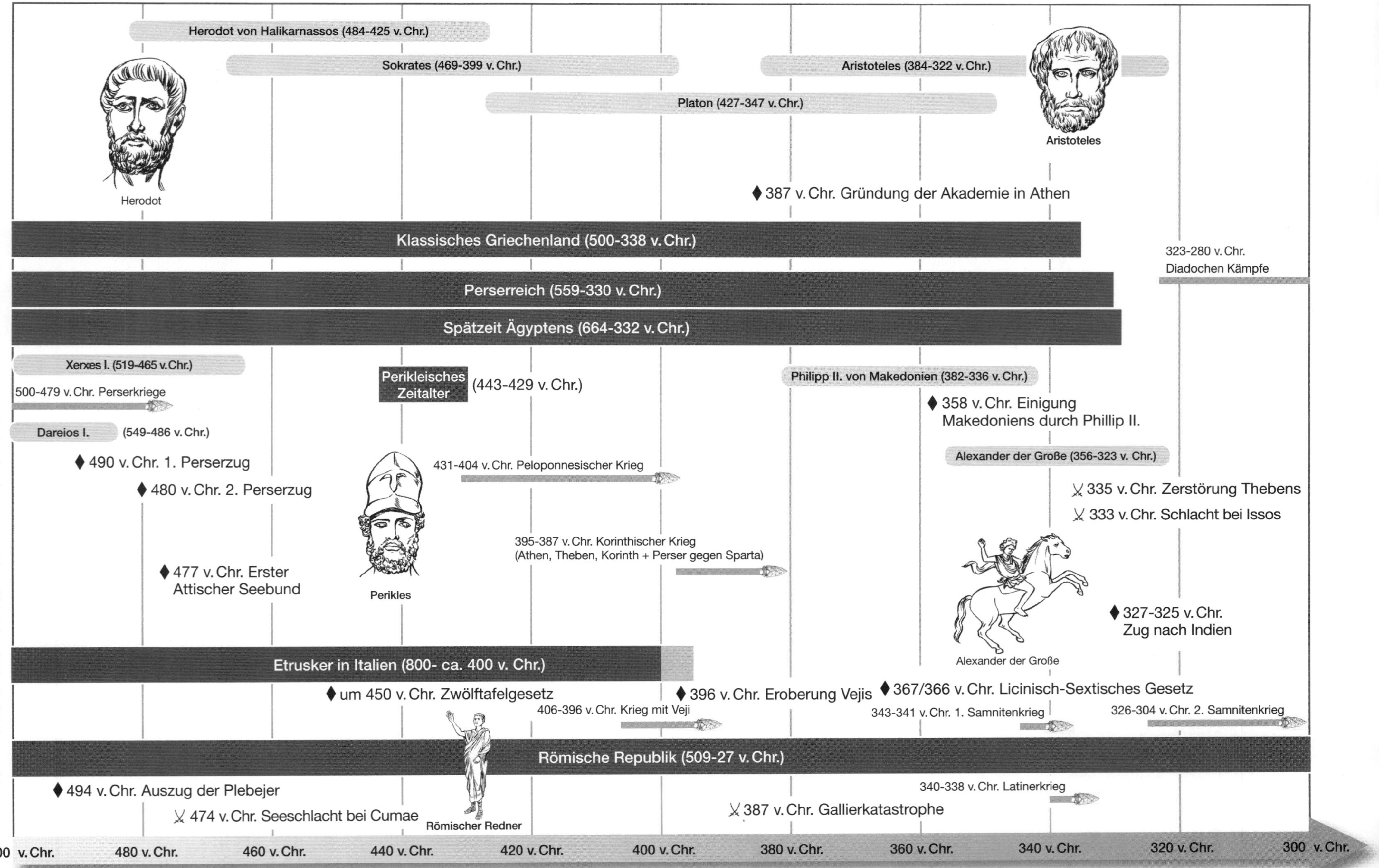

Reich der Parther (247 v. Chr. -227 n. Chr.)

Parthischer Bogenschütze

Makedonisches Reich unter den Antigoniden (279-168 v. Chr.)

Reich von Pergamum (263-133 v. Chr.)

Herrschaft der Ptolemäer (304-30 v. Chr.)

323-280 v. Chr. Diadochenkämpfe

♦ 133 v. Chr. Attalos III. von Pergamum vererbt sein Reich an Rom

Seleukidenreich (304-64 v. Chr.)

Likor

Karthagischer Kriegselefant

♦ 196 v. Chr. Freiheitserklärung für die griechischen Staaten

133-121 v. Chr. Reformen der Gracchen

136-132 v. Chr. 1. Sklavenkrieg

192-188 v. Chr. Krieg gegen das Seleukidenreich

113-101 v. Chr. Krieg gegen die Cimbern und Teutonen

200-197 v. Chr. 2. Makedonischer Krieg

111-105 v. Chr. Iugurthinische Kriege in Afrika

171-168 v. Chr. 3. Makedonischer Krieg

298-290 v. Chr. 3. Samnitenkrieg

264-241 v. Chr. 1. Punischer Krieg

218-201 v. Chr. 2. Punischer Krieg

149-146 v. Chr. 3. Punischer Krieg

285-282 v. Chr. Kämpfe gegen die Kelten in Oberitalien

282-272 v. Chr. Krieg Roms mit Tarent (Pyrrhus)

⚔ 146 v. Chr. Zerstörung Karthagos

104 v. Chr. Heeresreform des Marius ♦

102 v. Chr. Sieg des Marius bei Aquae Sextiae über die Teutonen ⚔

102 v. Chr. Sieg des Marius bei Vercellae über die Cimbern ⚔

Römische Republik (509-27 v. Chr.)

200-190 v. Chr. Keltenkrieg in Oberitalien

♦ 279 v. Chr. Einbruch der Kelten (Galater)

300 v. Chr. | 280 v. Chr. | 260 v. Chr. | 240 v. Chr. | 220 v. Chr. | 200 v. Chr. | 180 v. Chr. | 160 v. Chr. | 140 v. Chr. | 120 v. Chr. | 100 v. Chr.

100 v. Chr. - 100 n. Chr.

Reich der Parther (247 v. Chr. -227 n. Chr.)

Julisch-Claudische Kaiser (14-68 n. Chr.)

Tiberius Julius Caesar (42 v. Chr. - 37 n. Chr.)

45-58 n. Chr. Paulusreisen

Flavischer Kaiser (69-96 n. Chr.)

Herrschaft der Ptolemäer (304-30 v. Chr.)

Claudius (10 v. Chr. -54 n. Chr. Ermordung durch Agrippina, Neros Mutter)

Gaius Octavius/Augustus (63 v. Chr. - 14 n. Chr.)

Nero Claudius Caesar (37-68 n. Chr. Selbstmord)

Augustus

♦ 36 v. Chr. Vermählung des Antonius mit Kleopatra
⚔ 31 v. Chr. Schlacht bei Actium
♦ 30 v. Chr. Ägypten wird röm. Provinz
♦ 27 v. Chr. Ehrenname Augustus
♦ 27 v. Chr. Wiederherstellung der Republik
♦ Verkündung des Weltfriedens (Pax Augusta)

Seleukidenreich (304-64 v. Chr.)

♦ 60/61 n. Chr. Niederwerfung des Aufstandes in Britannien
♦ 64 n. Chr. Brand Roms und Christenverfolgung
♦ 68/69 n. Chr. 1. Vierkaiserjahr: Galba, Vitellius, Otho, Vespasian

66-70 n. Chr. Aufstand in Palästina

Gaius Julius Caesar (100-44 v. Chr.)

Caesar

♦ 60 v. Chr. 1. Triumvirat (Pompeius, Caesar, Crassus)
♦ 59 v. Chr. Konsulat Caesars
♦ 55 v. Chr. Konsulat des Pompeius und des Crassus

58-51 v. Chr. Eroberung Galliens
49-46 v. Chr. Bürgerkrieg gegen Pompeius
48-47 v. Chr. Alexandrinischer Krieg

♦ 45 v. Chr. Caesar wird Diktator auf Lebenszeit

⚔ 9 n. Chr. Schlacht im Teutoburger Wald
♦ Provinz Germania wird aufgegeben
♦ 14 n. Chr. Tod des Augustus: Vergöttlichung

14-16 n. Chr. Feldzug gegen Germanien

Caligula =Gaius Caesar Germanicus (12-41 n. Chr. Ermordung durch Prätorianergarde)

Hadrian (76-138 n. Chr.)

♦ 69-79 n. Chr. Bau des Colosseums
⚔ 70 n. Chr. Eroberung Jerusalems
♦ 79 n. Chr. Ausbruch des Vesuvs

Antoninus

Gnaeus Pompeius Magnus (106-48 v. Chr.)

T. Flavius Vespasianus (9-79 n. Chr.)

Herodes der Gr. (73-4 v. Chr.)

Titus (39-81 n. Chr.)

Domitian (51-96 n. Chr. Ermordung)

♦ 84 n. Chr. Abschluss der Eroberung Großbritanniens

77-71 v. Chr. Kampf und Neuordnung in Spanien

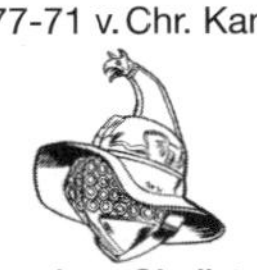

Helm eines Gladiatoren

Hermannsdenkmal bei Detmold

♦ 70 v. Chr. Konsulat des Pompeius und Crassus
♦ 67 v. Chr. Ende des Seeräuberkriegs

Prinzipat (27 v. Chr.-14 n. Chr.)

Römische Republik

Trajan (53-117 n. Chr.)

Römisches Reich (14-395 n. Chr.)

♦ 63/62 v. Chr. Catilinarische Verschwörung

73-71 v. Chr. Spartakusaufstand

M.Cocceius Nerva (30-98 n. Chr.)

100 v. Chr. | 80 v. Chr. | 60 v. Chr. | 40 v. Chr. | 20 v. Chr. | 0 | 20 n. Chr. | 40 n. Chr. | 60 n. Chr. | 80 n. Chr. | 100 n. Chr.

100 n. Chr. - 300 n. Chr.

Reich der Parther (247 v. Chr. -227 n. Chr.)

Kriegsgerät der Alemannen

♦ 249-251 Erste allgemeine Christenverfolgung

♦ 98-117 Christenverfolgungen unter Trajan

Parthischer Bogenschütze

♦ 257-258 Verfolgung unter Valerian

♦ 260 Toleranzedikt des Gallienus

Reich der Sassaniden (227-637 n. Chr.)

⚔ 132-135 Aufstand Bar Kochbas in Jerusalem

Adoptivkaiser (96-192 n. Chr)

♦ Ständige Kämpfe Roms um Mesopotamien, Syrien, Armenien

♦ 272-279 Bau der Aurelianischen Mauer

⚔ 101-105 Eroberung der Provinz Dacia

⚔ Eroberung der Provinzen Arabia (106), Armenia, Assyria, Mesopotamia (nach 117)

♦ Größte Ausdehnung des Römischen Reiches

♦ Ausbreitung der Pest von Äthiopien aus

14 Soldatenkaiser (235-305 n. Chr.)

Hadrian (76-138)

Hadrian

♦ Sicherung des Reiches durch Friedensschlüsse

♦ Grenzanlagen (an Rhein, Donau, in England –Hadrianswall– und am Euphrat)

Severische Kaiser (193-235 n. Chr.)

⚔ 271 Sieg bei Pavia gegen die Alemannen

Caracalla (188-217)

♦ 212 Constitutio Antoniniana: Verleihung des vollen Bürgerrechts an alle Provinzialen

Septimius Severus (146-211)

Antoninus Pius (86-161)

286 Einführung der Tetrarchie ♦

Marc Aurel (121-180)

Severus Alexander (208-235)

297 Einteilung des Reiches in 12 Verwaltungsbezirke ♦

162-165 Krieg gegen die Parther (Besetzung von Mesopotamien)

Aurelian (214-275)

Trajan (erster Kaiser, der aus der Provinz stammt)

Marc Aurel

170-175 v. Chr. 1. Markomannenkrieg

Diokletian (~240-305)

177-180 v. Chr. 2. Markomannenkrieg

260-274 Abspaltung des Gallischen „Sonderreichs der 30 Tyrannen“ ♦

♦ 274 Reichseinheit wiederhergestellt (Ende der „30 Tyrannen“)

Trajan

Commodus (161-192)

Römisches Reich (14-395 n. Chr.)

100 n. Chr. | 120 n. Chr. | 140 n. Chr. | 160 n. Chr. | 180 n. Chr. | 200 n. Chr. | 220 n. Chr. | 240 n. Chr. | 260 n. Chr. | 280 n. Chr. | 300 n. Chr.

300 n. Chr. - 500 n. Chr.

Konstantin der Große

Konstantin der Große (~280-337)

♦ Gotische Reichsgründung am Schwarzen Meer

Westgotische Fibel

443-534 Reste der Burgunder werden am Genfer See angesiedelt

♦ ~ 413 Burgunden siedeln im Rhein-Main-Gebiet

⚔ 436 Burgunder durch hunnische Truppen geschlagen

488 Theoderich zieht nach Italien ♦

489 Schlacht bei Verona, Sieg über Odoaker ⚔

Reich der Sassaniden (227-637 n. Chr.)

⚔ 324 Schlacht bei Adrianopel, Konstantin wird Alleinherscher

♦ 410 Plünderung Roms durch Westgoten

493 Eroberung Ravennas ♦

⚔ 312 Schlacht an der Milvenischen Brücke/Christentum erhält Gleichstellung mit anderen Religionen

Tolosanisches Westgotenreich (419-507 n. Chr.)

♦ 391 Christentum wird Staatsreligion, Verbot aller heidnischen Kulte

♦ 376 Westgoten im Römischen Reich angesiedelt

♦ 325 Konzil von Nikäa, „katholisches“ Glaubensbekenntnis

♦ 418 Vernichtung von Vandalen und Alanen in Spanien

Beginn Frankenreich

♦ 311 Kaiser Galerius beendet die Christenverfolgung

♦ 375 Hunneneinfall: Vernichtung des Ostgotenreiches in Südrussland

Clodwig I. (466-511)

⚔ 357 Schlacht von Straßburg, Rheingrenze wiederhergestellt

⚔ 451 Schlacht auf den Katalaunischen Feldern

♦ Attila (†453)

Tetrarchen

Hunnenkämpfer

Vandalenreich in Afrika (429-511 n. Chr.)

⚔ 439 Eroberung Karthagos

⚔ 455 Eroberung Roms durch die Wandalen

♦ 476 Absetzung des Romulus Augustulus durch Odoaker

♦ 404 Ravenna wird Hauptstadt des weströmischen Reiches

♦ 305 Abdankung Diocletians und Maximians

Völkerwanderung (370-568 n. Chr.)

Weströmisches Reich (395-476 n. Chr.)

Beginn Germanenherrschaft

Römisches Reich (14-395 n. Chr.)

Oströmisches/Byzantinisches Reich (395-1453 n. Chr.)

300 n. Chr. | 320 n. Chr. | 340 n. Chr. | 360 n. Chr. | 380 n. Chr. | 400 n. Chr. | 420 n. Chr. | 440 n. Chr. | 460 n. Chr. | 480 n. Chr. | 500 n. Chr.

Vertiefungsseiten

Die Phasen der Vorgeschichte 1

Vorsteinzeit

♦ Australienmensch:
- aufrechter Gang
- Hände mit Fingern
- Füße mit Zehen
- großes Gehirn
- Größe: 1,40 m

♦ Erste Faustkeile

♦ Bau von Holzspeeren

♦ Bau einfacher Hütten aus Laub

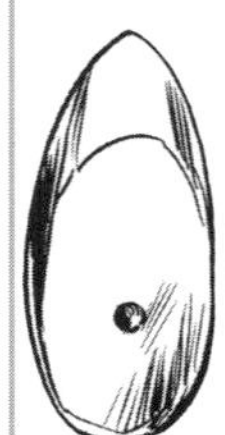

Steinbeil

Pfeilspitze

Ältere Altsteinzeit

♦ Pekingmensch:
- Herstellung von Steinwerkzeugen
- Hirnvolumen zwei Drittel des Gehirns heutiger Menschen

♦ Entdeckung des Feuers

♦ Jagd von Mammuts

Neandertaler

Mittlere und Jüngere Altsteinzeit

♦ erste Menschen (homo sapiens) treten auf

♦ Neandertaler:
- großes Gehirnvolumen
- sehr kräftig und stark
- 1,65 m-1,75 m groß
- Ursache des Aussterbens bis heute ungeklärt
- ausgestorben ca. 30000 v. Chr.

♦ bessere Faustkeile

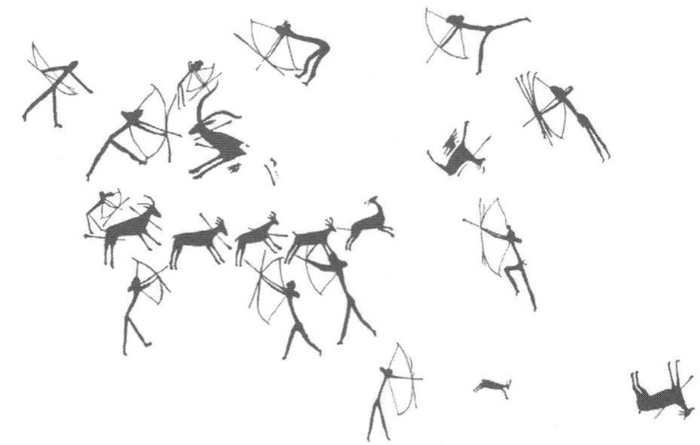

Jagdszenen Mittlere Altsteinzeit

1 Mio Jahren | 900000 v. Chr. | 800000 v. Chr. | 700000 v. Chr. | 600000 v. Chr. | 500000 v. Chr. | 400000 v. Chr. | 300000 v. Chr. | 200000 v. Chr. | 100000 v. Chr.

Die Phasen der Vorgeschichte 2

Jüngere Altsteinzeit | **Mittelsteinzeit** | **Jungsteinzeit** | **Altertum** | **Metallzeit**

Jüngere Altsteinzeit

♦ Cro-Magnon-Mensch:
- direkte Vorfahren heutiger Europäer
- Höhlenmalerei entsteht
- Jäger und Sammler
- Nomaden

Cro-Magnon-Mensch

♦ Jagd auf Rentiere, Mammuts, Wildpferde, Wisente

♦ Sammeln von Früchten

♦ Kleidung aus Tierfellen

♦ Waffen und Werkzeuge aus Steinen, Holz und Knochen

♦ Leben in Höhlen, Gruben und Zelten aus Fellen

Venus von Willendorf

Mittelsteinzeit

Wohnen in der Steinzeit

Jungsteinzeit

♦ Unsere Vorfahren
Sesshaftwerdung:
- Züchtung von Tieren
- Ackerbau
- Leben in Holzhäusern, Blockhütten, Lehmhäusern
- Entwicklung neuer Waffen und Werkzeuge: Bohrer, Pflug, Webrahmen
- Erfindung des Rades
- Glaube an Leben nach dem Tod

Tätigkeiten der Menschen der Steinzeit

Altertum

♦ Sumerer:
- Stadtstaaten mit Tempeln, Stadtmauern, Felderwirtschaft
- Töpfe, Schmuck
- schriftliches Rechnen
- Schulen
- öffentliche Märkte

♦ Ägypter:
- Landwirtschaft
- reiche und große Gemeinden
- Hyroglyphen
- Pyramiden, Sphinx

20 000 v. Chr. | 18 000 v. Chr. | 16 000 v. Chr. | 14 000 v. Chr. | 12 000 v. Chr. | 10 000 v. Chr. | 8 000 v. Chr. | 6 000 v. Chr. | 4 000 v. Chr. | 2 000 v. Chr.

Die Geschichte Ägyptens und der Bau der Pyramiden

Erste sesshafte Kulturgemeinschaften in Ober- und Unterägypten (5000-3021 v. Chr.)

Archaische Zeit (3032-2707 v. Chr.)

♦ Vereinigung von Ober- und Unterägypten

Altes Reich (2707-2170 v. Chr.)

♦ um 2680 v. Chr. Djoser, Stufenpyramide
♦ um 2630 v. Chr. Snofur 1, später verkleidete Stufenpyramide
♦ um 2620 v. Chr. Snofur 2, Knickpyramide
♦ um 2610 v. Chr. Snofur 3, Rote Pyramide
♦ um 2604-2581 v. Chr. Cheops, erste Pyramide von Gizeh

Erste Zwischenzeit (2170-2020 v. Chr.)

Mittleres Reich (2020-1794 v. Chr.)

Zweite Zwischenzeit (1794-1550 v. Chr.)

Neues Reich 18. und 20. Dynastie (1550-1070/69 v. Chr.)

♦ ab 1504 v. Chr. Thutmosis I., Gräber im Tal der Könige
♦ 1351-1334 v. Chr. Amenophis IV./Echnaton und Nofretete
♦ 1333-1323 v. Chr. Tutanchamun
♦ 1279-1213 v. Chr. Ramses II., Bau der Tempel von Abu Simbel

Dritte Zwischenzeit (1070/69-ca. 664 v. Chr.)

Spätzeit (664-336/335 v. Chr.)

♦ 525-522 v. Chr. Kambyses, (1. Perserherrschaft)

Herrschaft der Ptolemäer (306-30 v. Chr.)

Griechisch-Römische Zeit (332 v. Chr.-395 n. Chr.)

51-30 v. Chr. Kleopatra VII. (Geliebte Caesars und Mark Antons) ♦

Ägypten wird römische Provinz ♦

Römischer Kaiser führt den Pharao-Titel ♦

296 n. Chr. Ägypten wird Teil des Oströmischen Reiches ♦

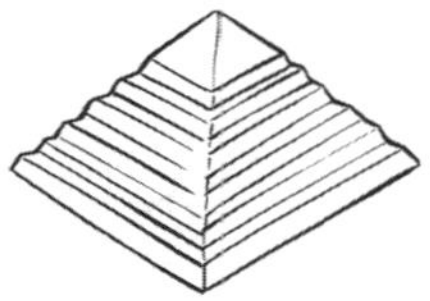
Stufenpyramide in Sakkara (~ 2670 v. Chr.)

Meidum-Pyramide (~ 2670-2620 v. Chr.)

Knickpyramide (~ 2670-2620 v. Chr.)

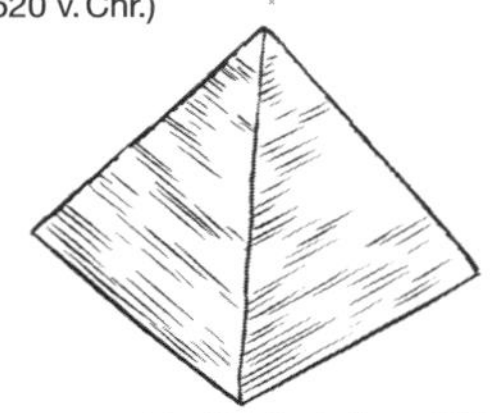
Cheopspyramide (Fertigstellung 2580 v. Chr.)

Nofretete

Abu Simbel

5000 v. Chr. | 4500 v. Chr. | 4000 v. Chr. | 3500 v. Chr. | 3000 v. Chr. | 2500 v. Chr. | 2000 v. Chr. | 1500 v. Chr. | 1000 v. Chr. | 500 v. Chr. | 0 | 500 n. Chr.

Die Entwicklung des Perserreiches

Sumerer siedeln im Süden Mesopotamiens (3200-2800 v. Chr.)

Frühdynastische Zeit (2800-2500 v. Chr.)

♦ 2500 v. Chr. 1. Dynastie von Ur

Reich von Akkad Sargons gründet erstes Reich (2340-2170 v. Chr.)

Altbabylonisches Reich (1900-1595 v. Chr.)

Hammurapi (1792-1750 v Chr.)

⚔ Eroberung Mesopotamiens durch Babylon

♦ „Codex Hammurapi“

Alt- und Mittelassyrisches Reich (1744-912 v. Chr.)

⚔ Eroberung der Handelsstadt Assur

Dareios I.

Perserreich (559-330 v. Chr.)

Kyros II. (590-529 v. Chr.)

Eroberung des Medischen Reiches

♦ 539 v. Chr. Eroberung Babylons, Babylon wird persische Provinz

Dareios I. (549-486 v. Chr.)

♦ 500-494 v. Chr. Aufstand

♦ 480-479 v. Chr. Zug gegen Griechenland gescheitert

331 v. Chr. Alexander der Große ⚔ erobert Babylon

330 v. Chr. Ermordung des ♦ Dareios III.

Neuassyrisches Reich (911-610 v. Chr.)

♦ Palastbauten in Ninive und Assur

⚔ Eroberung Babylons

Neubabylonisches Reich (626-539 v. Chr.)

Herrschaft Nebukadnezar II. (605-562 v. Chr.)

Codex Hammurapi

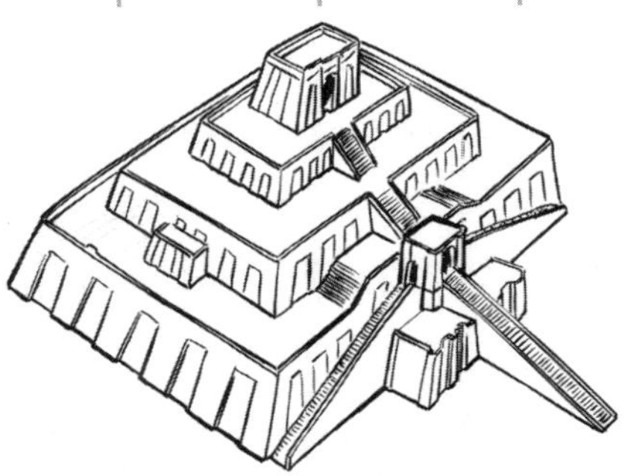

Zikkurat, angeblicher Turm von Babel

Assyrische Statue

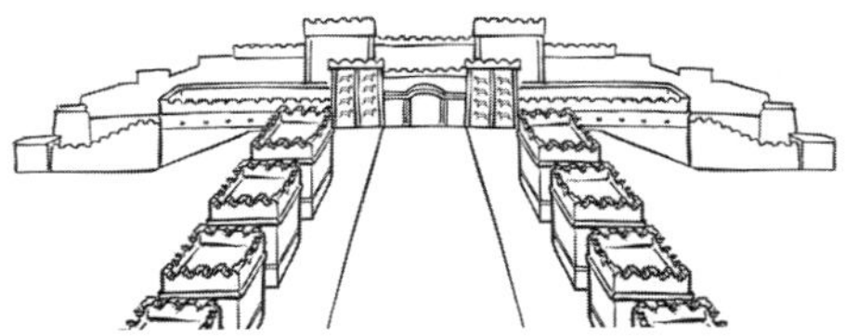

Babylon: Ischtar-Tor

3200 v. Chr. | 3000 v. Chr. | 2800 v. Chr. | 2600 v. Chr. | 2400 v. Chr. | 2200 v. Chr. | 2000 v. Chr. | 1800 v. Chr. | 1600 v. Chr. | 1400 v. Chr. | 1200 v. Chr. | 1000 v. Chr. | 800 v. Chr. | 600 v. Chr. | 400 v. Chr. | 200 v. Chr.

Die frühe Geschichte des Volkes Israel

♦ Ende des 2. Jahrtausends v. Chr.
Einwanderung nomadischer Gruppen nach Ägypten

♦ um 1259 v. Chr.
- Ramses II. (~1298-~1213 v. Chr.) soll Pharao des Exodus gewesen sein
- Erwähnung einer Volksgruppe namens habiru (hibri-Hebräer) in ägyptischen Urkunden aus dem 15. bis 12. Jahrhundert
- Fronarbeit der Hebräer
- Auszug einiger Stämme aus Ägypten

„Richterzeit" (1250-1000 v. Chr.)

- Bildung eines 12-Stämmeverbundes angesiedelt um das Stammesheiligtum
- Ansiedlung israelitischer Volksstämme im Gebiet des heutigen Staates Israel und den umgebenden Regionen

♦ Um 1220 v. Chr.
Israeliten zum ersten Mal erwähnt
Viele Archäologen glauben daher, dass die meisten Nomaden, die sich zum „Volk Israel" zusammenschlossen, bereits seit langem in Kanaan gelebt hatten und nur durch kleine Gruppen von Rückwanderern aus Ägypten, die vielleicht von dort als neuen Gott Jahwe/JHWH mitbrachten, verstärkt wurden.

♦ Um 1100 v. Chr.
Sukzessive Einnahme der kanaanitischen Stadtstaaten durch israelitische Nomaden, was den historischen Kern der Landnahme-Berichte bilden dürfte

schematische Darstellung des Tempels

Königreich Israel (1010-926 v. Chr.)

♦ Um 1000 v.Chr.
Zusammenschluss der israelitischen Stämme zu einem Königreich auf Druck der Philister hin (biblischer Bericht) Saul erster König Israels (keine außerbiblischen Zeugnisse)

nach biblischer Überlieferung unter den Königen Saul, David und Salomo

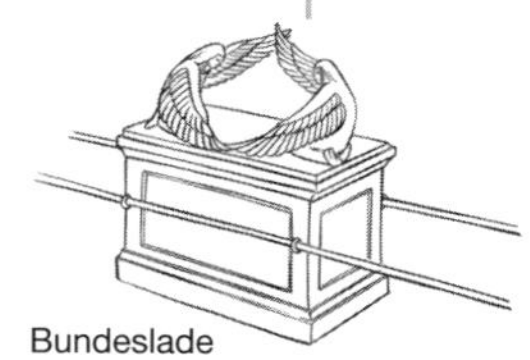

Bundeslade

♦ 930 v. Chr.
- Personlaunion zerbricht
- Entstehen des Reiches Juda im Süden und des Reiches Israel im Norden

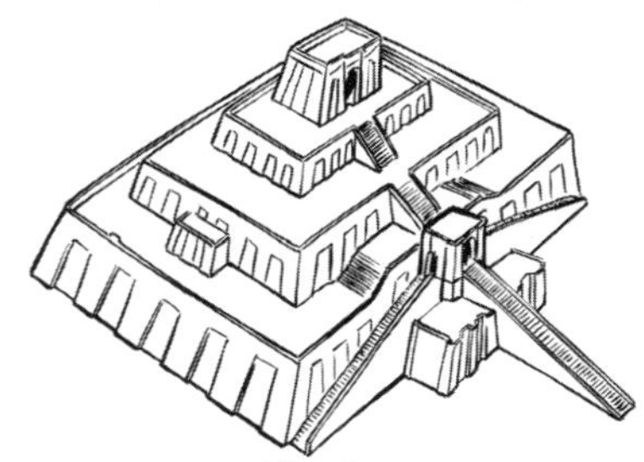

Zikurat

♦ 722/721 v. Chr.
- Assyrien erobert das Nordreich Israel
- Verwandlung in einen Vasallenstaat

Nebukadnezar II.

♦ Südreich Juda
Unter König Jojakim: Juda wird zum Vasallenstaat der Babylonier
Wiedererlangung der Unabhängigkeit unter Jojakim

♦ 587 v. Chr.
Eroberung Jerusalems durch Nebukadnezar II.
Verschleppung des jüdischen Volkes ins Babylonische Exil

♦ 539 v. Chr.
Kyros II. erobert Babylon und beendete damit das neubabylonische Reich

♦ 538 v. Chr.
Wiederaufbau des Tempels und Rückgabe der geraubten Tempelgeräte

1400 v. Chr. | 1300 v. Chr. | 1200 v. Chr. | 1100 v. Chr. | 1000 v. Chr. | 900 v. Chr. | 800 v. Chr. | 700 v. Chr. | 600 v. Chr. | 500 v. Chr. | 400 v. Chr.

Griechenland in der Antike auf einen Blick

Frühgriechische Zeit (2000-1600 v. Chr.)

- Landnahme durch indoeuropäische Stämme aus dem Norden
- Ionier und Aioler (Achaier) verschmelzen mit der Urbevölkerung

Minoische Hochkultur (um 2000-1200 v. Chr.)

Mykenische Zeit (1600-1075 v. Chr.)

- Adelige Herren, Streitwagenkämpfer, monumentale Burgen
- um 1150 v. Chr. Zerstörung der mykenischen Burg

sog. Maske des sagenhaften Königs Agamemnon von Mykene

Dorische Wanderung (1200-1000 v. Chr.)

- Vordringen der Dorer bis Mittelgriechenland
- Überlegenheit der Einwanderer durch Gebrauch von Eisenwaffen

Spartiate

Dunkles Zeitalter (1000-750 v. Chr.)

- Abschluss der Ansiedlung: Dorer erreichen Peloponnes
- Ausbildung von Poleis
- Gründung von Sparta um 900

Homer, Autor der Epen Ilias und Odyssee

Archaisches Zeitalter (800-500 v. Chr.)

♦ Entstehung von Ilias und Odyssee

Kolonisation (700-550 v. Chr.)

- Städtegründungen rund um Mittelmeer und Schwarzes Meer

Kleisthenes (570-507 v. Chr.)

Solon (640-560 v. Chr.)

♦ Tyrannis in diversen Städten um 600 v. Chr.

Griechische Klassik (500-338 v. Chr.)

500-479 v. Chr. Perserkrieg

♦ 477 v. Chr. Attischer Seebund

431-404 v. Chr. Peleponnesischer Krieg

Perikles (490-429 v. Chr.)

Münze Alexanders des Großen

Triere

♦ 338-323 v. Chr. Vorherrschaft Makedoniens

Philipp II. (382-336 v. Chr.)

Alexander der Große (356-323 v. Chr.)

Der Diadoche Lysimachos

Herrschaft der Antigoniden in Makedonien (279-168 v. Chr.)

Herrschaft der Ptolemäer in Ägypten (304-30 v. Chr.)

Herrschaft der Seleukiden (304-64 v. Chr.)

64 v. Chr. Ende des Seleukidenreichs durch Sieg des Cn. Pompeius ♦

♦ 148 v. Chr. Errichtung der römischen Provinz Makedonien

♦ 145 v. Chr. Angliederung der griechischen Staaten an die Provinz Makedonien

2000 v. Chr. | 1800 v. Chr. | 1600 v. Chr. | 1400 v. Chr. | 1200 v. Chr. | 1000 v. Chr. | 800 v. Chr. | 600 v. Chr. | 500 v. Chr. | 400 v. Chr. | 300 v. Chr. | 200 v. Chr. | 100 v. Chr. | 0

Die Geschichte Spartas

◆ Vier Siedlungen im Bergland Lakoniens:
Polis Sparta (Lakedaimon) um 900 gegründet

735-715 v. Chr. Krieg mit Messenien

Spartiate

Pentekontaetie:
Die 50 Jahre vom Ende der Perser Kriege bis zum Beginn des Peloponnesischen Krieges

650-620 v. Chr. Krieg mit Messenien

◆ Unterjochung der Messenier:
Helotenstand

◆ 650-550 v. Chr.
Gesetzgebung des mythischen Lykurg:
- Rhetra ordnet spartanischen Kosmos
- Erziehung der Spartiaten, hart und entbehrungsreich
- keine Familienbande
- Leben in der und für die Gemeinschaft
- Ausbildung zu tapferen Kriegern

Spartanische Frauen wurden fast ebenso erzogen wie Männer.

◆ 550 v. Chr.
- Sieg über Arkadien
- Hegemonie Spartas auf Peloponnes
- olympische Spiele unter Schutz Spartas

◆ ca. 550 v. Chr.
Gründung des Peloponnesischen Bundes
- Ziel: Machterhaltung Spartas auf Peloponnes
- kaum Gründung von Kolonien

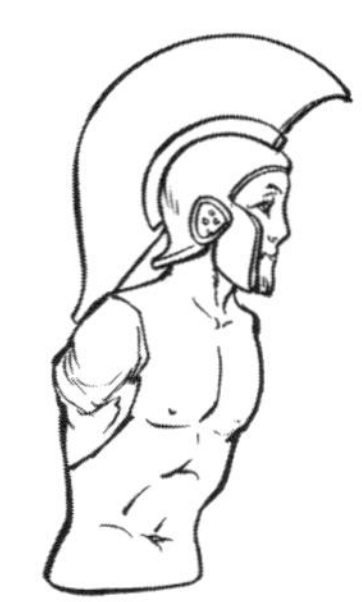

spartanischer Hoplit

490-477 v. Chr. Perserkriege

◆ 481 v. Chr.
- Gründung des Hellenenbundes
- Schutzmacht Sparta

◆ 480 v. Chr.
- Schlacht an den Thermopylen
- berühmte Schlacht der 300 Spartiaten
- Rückzug aus dem Krieg

◆ 477 v. Chr.
- Gründung des delisch-attischen Seebundes
- Schutzmacht Athen wird Konkurrent um Vormachtsstellung

Pentekontaetie (479-431 v. Chr.)

- Zeitraum 50 Jahre
- Dualismus Athen-Sparta am Ende: Peloponnesischer Krieg

431-404 v. Chr. Peloponnesischer Krieg

Niedergang Spartas

◆ 371 v. Chr.
- Versuch der Schwächung Thebens
- Niederlage gegen Theben großer Ansehensverlust
- Austritt Thebens aus Peloponnesischem Bund

◆ 369 v. Chr.
- Theben befreit Messenien
- Einmarsch Thebens in Lakonien:
- Verlust von 2/3 des Staatsgebietes für Sparta
- keine Aufrechterhaltung des spartanischen Kosmos

◆ Sieg Spartas mit Hilfe Persiens

◆ Eigentlicher Sieger: Persien

spartanischer Hoplit

800 v. Chr. | 750 v. Chr. | 700 v. Chr. | 650 v. Chr. | 600 v. Chr. | 550 v. Chr. | 500 v. Chr. | 450 v. Chr. | 400 v. Chr. | 350 v. Chr. | 300 v. Chr.

Die Zeit der Tyrannis in Athen

Tyrannis: ursprünglich wertfreier Begriff

Ältere Tyrannis

Korinth: Tyrannis der Kypseliden (73 Jahre)

♦ 657 v. Chr.
- Staatsstreich des Kypselos
- große Anhängerschaft bei einfachen Leuten
- Vertreibung der herrschenden Adelsfamilie

♦ 625-585 v. Chr.
- Herrschaft des Sohnes Periander
- wirtschaftliche Blüte der Stadt
- Verbindungen bis Ägypten

♦ 584 v. Chr.
- Sturz der Tyrannis

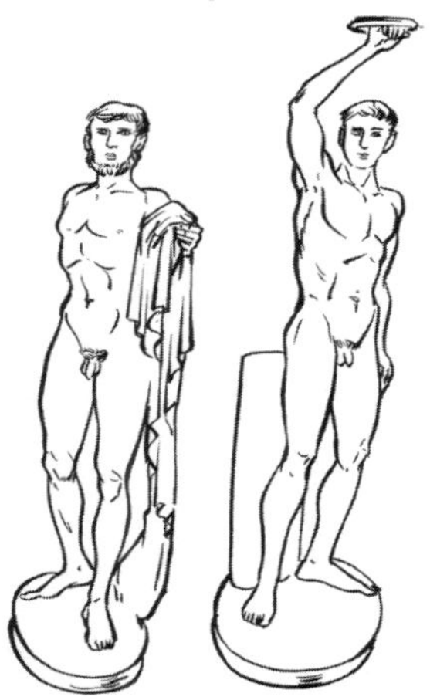

Tyrannenmörder Aristogeiton und Harmodius

weitere berühmte Tyrannen der Älteren Tyrannis:

♦ Polykrates von Samos
♦ Lygdamis von Naxos
♦ Kleisthenes von Sikyon
♦ Theron von Akragas

Athen: Tyrannis der Peisistratiden (50 J.)

♦ 561 v. Chr.
- Staatsstreich des Peisistratos große Beliebtheit beim Volk
- zweimalige Vertreibung ab 546 v. Chr. Volksführer „Goldene Zeit" für Athen

♦ 528-510 v. Chr.
- Herrschaft des Hippias

♦ 514 v. Chr.
- Hipparchos von Aristogeiton und Harmodios ermordet

♦ 510 v. Chr.
- Vertreibung des Hippias

Syrakus: Tyrannis der Deinomeniden (20 Jahre)

♦ 485 v. Chr.
- Gelon als Unterstützer des Adels vom Volke verehrt

♦ 480 v. Chr.
- Sieg über Karthago

♦ 478 v. Chr.
- Hieron I.

♦ 466 v. Chr.
- Thrasbylos: Vertreibung

Mord an Hipparchos

Jüngere Tyrannis

Syrakus: Tyrannis der Dionysen

♦ 406 v. Chr.
- Dionysios I. zum „strategos autokrator" gewählt
- mächtigster Tyrann aller Zeiten
- Errichtung eines „Bespitzelungsapparates"
- zeitweise Hegemonie Siziliens und Unteritaliens

♦ 367 v. Chr.
- Herrschaft des Dionysios II.

♦ 357 v. Chr.
- Vertreibung des Dionysos II. durch Dion
- Herrschaft des Dion
- Ermordung Dions
- Rückkehr des Dionysios II.

♦ 345 v. Chr.
- Absetzung der Tyrannis durch Timoleon

♦ 317 v. Chr.
- Erneute Errichtung einer Tyrannis durch Agathokles

♦ 304 v. Chr.
- Übernahme des Königstitels

Dionysios I.

weitere berühmte Tyrannen der Jüngeren Tyrannis:

♦ Euphron von Sikyon
♦ Jason von Pherai

700 v. Chr. | 650 v. Chr. | 600 v. Chr. | 550 v. Chr. | 500 v. Chr. | 450 v. Chr. | 400 v. Chr. | 350 v. Chr. | 300 v. Chr. | 250 v. Chr. | 200 v. Chr.

Die Perserkriege

Perserreich (559-330 v. Chr.)

Dareios I. (550-486 v. Chr.) – Regierungszeit (522-486 v. Chr.)

- ♦ seit 547/546 v. Chr. sind die Ionier Teil des Persischen Vielvölkerreiches
- ♦ 513/512 v. Chr. Wirtschaftskrise in Ionischen Städten

⚔ 492 v. Chr. Eroberung Thrakiens und Makedoniens durch die Perser unter Mardonios

Xerxes I. (519-465 v. Chr.) – Regierungszeit (486-465 v. Chr.)

500-494 v. Chr. Ionischer Aufstand

♦ um 500
- Aristagoras von Milet an der Spitze des Aufstandes
- In allen Städten Aufruf zum Sturz der Fremdherrschaft

♦ 499/498 v. Chr.
- Bitte um Hilfe an Athen und Sparta
- Entsenden von Truppen aus Athen und Eritrea zur Unterstützung der Aufständischen

⚔ Eroberung von Sardes durch Aufständische

♦ 497 v. Chr.
- Rückeroberung Zyperns durch die Perser
- Nur noch neun Städte leisten Widerstand

♦ 494 v. Chr.

⚔ Eroberung und Zerstörung Milets

Scheitern des Aufstandes

♦ 491 v. Chr.
- Forderung der Perser nach Unterwerfung aller griechischen Stadtstaaten
- Befolgen der Forderung durch viele Staaten in Nord- und Mittelgriechenland
- Weigerung durch Athen und Sparta, Töten persischer Gesandter

♦ 490 v. Chr.
- 1. Perserzug unter Datis und Artaphernes
- Landung der persischen Expeditionsflotte in der Nähe von Athen

⚔ Sieg der Athener in der Schlacht bei Marathon (griechische Phalanx gegen persische Bogenschützen)
- Rückzug der persischen Truppen

⚔ Aufstand in Ägypten hindert Dareios an Wiederaufnahme eines Angriffes

500-479 v. Chr. Perserkriege

Persischer Speerträger

Dareios I.

Miltiades: Feldherr in der Schlacht bei Marathon

500 v. Chr. — 490 v. Chr.

Perserreich (559-330 v. Chr.)

Xerxes I. (519-465 v. Chr.) – Regierungszeit (486-465 v. Chr.)

500-479 v. Chr. Perserkriege

♦ 481 v. Chr.
- Hellenenbund unter Führung Spartas gegen die Perser
- Athen: Beginn eines Flottenbauprogramms nach Rat des Orakels „Verteidigung hinter hölzernen Mauern“

♦ 480 v. Chr. 2. Perserzug
- ⚔ Angriff des Xerves mit Landheer (50-200 000 Soldaten) und Flotte (~600 Schiffe)
- ⚔ Kampf an den Thermopylen (300 Spartiaten und ca. 6 000 Verbündete: Halten der Engstelle für Tage)
- ⚔ Evakuierung Athens, Verwüstung durch persische Truppen
- ⚔ Sieg der griechischen Flotte in Seeschlacht bei Salamis

♦ 479 v. Chr.
- ⚔ erneuter Aufstand der ionischen Städte gegen die Persische Herrschaft
- ⚔ Seesieg der Griechen bei Mykale
- ⚔ Sieg der Griechischen Truppen bei Plataiai

♦ 477 v. Chr.
- Erster Delisch-Attischer Seebund, Hegemonie Athens
- Bündnis gegen „Persergefahr“
- Athen neben Sparta als neue Großmacht etabliert

Triere

Hoplit

480 v. Chr

Der Peloponnesische Krieg

Herodot von Halikarnassos (484-425 v. Chr.)

Herodot

◆ 461 v. Chr.
– Kündigung des Bündnisses mit Athen durch Sparta

◆ 460-457 v. Chr.
– Bau der langen Mauer in Athen

◆ 460 v. Chr.
– Korinth verbündet sich mit Sparta

◆ 457 v. Chr.
⚔ Kämpfe zwischen Athen und Sparta/Korinth
– Hegemonie Athens in Mittelgriechenland

◆ 454 v. Chr.
– Bundeskasse kommt nach Athen

◆ 451 v. Chr.
– Waffenstillstand mit Sparta

◆ 449 v. Chr.
⚔ Doppelsieg der Athener bei Salamis über die Perser

◆ 448 v. Chr.
– Friedensschluss zwischen Persien und Athen
– Griechische Städte in Kleinasien haben Autonomie unter persischer Oberhoheit
– Ägäis ist griechisches Hoheitsgebiet

◆ 447-438 v. Chr.
– Bau des Parthenon-Tempels in Athen

◆ 445 v. Chr.
– Abgrenzung der Interessensgebiete zwischen Athen und Sparta
– Athen muss panhellenischen Führungsanspruch aufgeben
– Peloponnes ist spartanisches Einflussgebiet

Perikleisches Zeitalter in Athen, Blüte der Stadt (443-429 v. Chr.)

– Perikles wird als „Demagoge“ immer wieder zum Strategen gewählt

◆ 437-433 v. Chr.
Bau der Propyläen

Spartiate

Akropolis in Athen

Perikles

460 v. Chr. | 450 v. Chr. | 440 v. Chr. | 430 v. Chr.

Der Peloponnesische Krieg

Herodot von Halikarnassos

431-404 v. Chr. Peleponnesischer Krieg

♦ 431-430 v. Chr.
Angriffe der attischen Flotte gegen die Küsten Spartas
Kriegsbeschluss Spartas und der peloponnesischen Staaten gegen Athen
- Einfälle Spartas nach Attika
- Perikles evakuiert die Bevölkerung Athens zwischen die lange Mauer bis zum Hafen Piräus

♦ 429 v. Chr.
Kapitulation Poteidaias nach zweijähriger Belagerung durch Sparta Ausbruch der Pest in Athen (ein Drittel der attischen Bevölkerung stirbt in den nächsten vier Jahren, auch Perikles)

♦ 424 v. Chr.
Spartanische Heeresreform und Angriff auf Thrakien

♦ 422 v. Chr.
Sieg Spartas bei Amphipolis

♦ 421 v. Chr.
„Fauler“ Friede (Nikiasfriede) zwischen Athen und Sparta

♦ 416 v. Chr.
Alkibiades (athenischer Feldherr) stört den Frieden durch Angriffe auf Küstengebiete Spartas

♦ 415-413 v. Chr.
Sizilianische Expedition gegen Syrakus
Alkibiades wird abberufen und läuft nach Sparta über

♦ 413 v. Chr.
Vernichtung der athenischen Flotte im Hafen von Syrakus

♦ 412 v. Chr.
- Persien greift auf Seiten Spartas mit Hilfszahlungen ein – Flottenbau Spartas
- Sparta erkennt persische Oberhoheit über die ionischen Städte an
- Athen unter Druck

♦ 411 v. Chr.
- Einführung der Oligarchie in Athen (Rat der 400)
- Rückkehr des Alkibiades, Wiederherstellung der Demokratie

♦ 406 v. Chr.
Sieg der Athener bei den Arginusen

♦ 405 v. Chr.
- Sieg der Spartaner bei Aigospotamoi
- Spartaner unterbinden Getreidezufuhr nach Athen

♦ 404 v. Chr.
- Belagerung und Kapitulation Athens
- Friedensbedingungen: Schleifung der langen Mauer, Auflösung des Attischen Seebundes

Eigentlicher Sieger: Das Peserreich

Triere

Büste eines Spartiaten

430 v. Chr. | 420 v. Chr. | 410 v. Chr. | 400 v. Chr.

Alexander der Große

Makedonien wird Großmacht (359-323 v. Chr.)

Aristoteles (384-322/321 v. Chr.)

Alexander der Große (356-323 v. Chr.)

Philipp II. von Makedonien (~ 382-336 v. Chr.)

Münze Philipps II.

Aristoteles

Ausdehnung der Makedonischen Herrschaft auf Thessalien und Trakien (352-342 v. Chr.)

♦ 359 v. Chr.
- Philipp II. wird Herrscher von Makedonien
- Philipp organisiert das Makedonische Staatswesen
- Heeresorganisation: Adelsreiterei + Phalanxfußtruppen

♦ 358 v. Chr.
- Makedonisches Reich durch Philipp II. geeint

♦ 357 v. Chr.
- Eroberung der Chalkidike (=Zugang zum Meer)

Phalanx

♦ 343 v. Chr.
Philipp stellt Aristoteles als Erzieher Alexanders an

♦ 340 v. Chr.
- Hellenenbund gegen Makedonien
- Nichtangriffspakt mit Persien

♦ 338 v. Chr.
- Schlacht bei Chaironeia
- Sieg Philipps über die Griechen
- Makedonien wird Vormacht im griechischen Raum

♦ 337 v. Chr.
- Korinthischer Bund aller griechischer Stadtstaaten außer Sparta
- Makedonien wird „Schutzmacht" der Griechenstaaten
- Beschluss, Krieg gegen Perserreich zu beginnen
- Philipp II. wird auf der Hochzeit seiner Tochter ermordet

♦ 336 v. Chr.
Alexander wird Herrscher von Makedonien

♦ 335 v. Chr.
Zerstörung Thebens

♦ 334 v. Chr.
- Feldzug gegen Persien, Sieg bei Granikos über persischen Satrapen in Kleinasien
- „Lösung des gordischen Knotens" – wer den Knoten löst, wird die Welt beherrschen

♦ 333 v. Chr.
- Schlacht bei Issos (333 – Issos Keilerei), Ablehnung eines persischen Friedensangebots

♦ 332-331 v. Chr.
- Expedition nach Ägypten, Gründung von Alexandria
- Alexander wird als Pharao verehrt

♦ 331 v. Chr.
- Schlacht bei Gaugamela (Flucht des Dareios)
- Alexander wird König von Asien

♦ 330 v. Chr.
- Zerstörung des Palastes von Persepolis durch Feuer

♦ 327-325 v. Chr.
- Zug nach Indien

♦ 324 v. Chr.
- Massenhochzeit von Susa
- Plan der Verschmelzung von Makedonen und Persern
- Neuordnung des Reiches
- Gleichberechtigung von Makedonen und Persern

† 13.6.323 v. Chr.
Tod Alexanders in Babylon

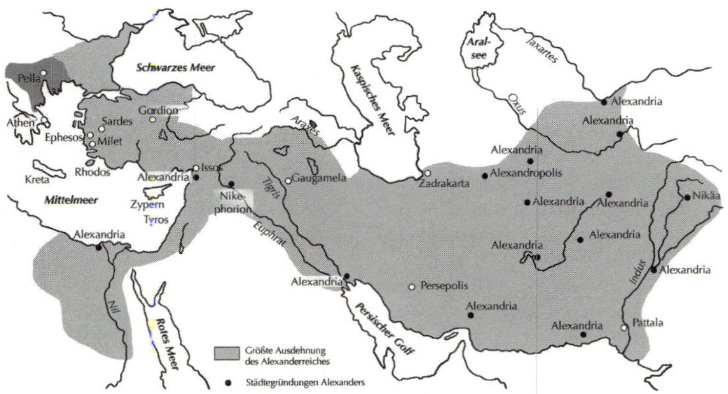

Ausdehnung des Großreiches von Alexander

Makedonischer Reiter

Alexander der Große

Nach Alexanders Tod teilen seine Feldherrn das Reich unter sich auf. Die Reiche der sogenannten Diadochen entstehen.

Diadochenzeit (323-280 v. Chr.)

Römische Republik

360 v. Chr. | 350 v. Chr. | 340 v. Chr. | 330 v. Chr. | 320 v. Chr.

Die Geschichte Roms auf einen Blick

♦ 753 v. Chr. Sagenhafte Gründung Roms

Herrschaft der sagenhaften Könige (ca. 750-510 v. Chr.)

Kaiserzeit (27 v. Chr.-476 n. Chr.)

Römische Republik (510-27 v. Chr.)

♦ 494 v. Chr. Auszug der Plebejer und Ständekämpfe (→Concilia plebis tributa)

♦ 450 v. Chr. Zwölftafelgesetz

⚔ 390 v. Chr. Galliersturm, Plünderung Roms

♦ 287 v. Chr. Ende der Ständekämpfe (Volkstribunen)

♦ 272 v. Chr. Sieg über Tarent, Vorherrschaft über Unteritalien

Kapitolinische Wölfin

Tetrarchen: Teilung des Reiches

264-201 v. Chr. zwei punische Kriege

♦ Sieg über Karthago: Rom ist Herrscher über westliches Mittelmeer

Karthagischer Kriegselefant

200-133 v. Chr. Eroberung Griechenlands und des westlichen Kleinasiens

♦ 133/121 v. Chr. Reformversuche der Gracchen

113-101 v. Chr. Krieg gegen Kimbern und Teutonen

♦ 107 v. Chr. Heeresreform des Marius

88-31 v. Chr. Bürgerkrieg

Münze Konstantins

⚔ 58-51 v. Chr. Eroberung Galliens durch Caesar

⚔ 49-45 v. Chr. Sieg Caesars im Bürgerkrieg

♦ 44 v. Chr. Ermordung Caesars

♦ 27 v. Chr. Octavian errichtet den Prinzipat

Lictor

Julius Caesar

♦ Größte Ausdehnung des Römischen Reichs unter Trajan (98-117 n. Chr.)

313 n. Chr. Christentum als Religion anerkannt durch Konstantin ♦

330 n. Chr. Konstantinopel wird Hauptstadt ♦

391 n. Chr. Christentum wird Staatsreligion ♦

♦ 395 n. Chr. Reichsteilung

410 n. Chr. Plünderung Roms durch die Westgoten Alarichs ♦

476 n. Chr. Absetzung des letzten weströmischen Kaisers Romulus Augustulus durch Odoaker ♦

800 v. Chr. | 700 v. Chr. | 600 v. Chr. | 500 v. Chr. | 400 v. Chr. | 300 v. Chr. | 200 v. Chr. | 100 v. Chr. | 0 | 100 n. Chr. | 200 n. Chr. | 300 n. Chr. | 400 n. Chr. | 500 n. Chr.

Roms Aufstieg in Italien

498-493 v. Chr. Latinerkrieg

- Die Latinerstädte behalten ihre Selbstständigkeit, im Kriegsfall hat Rom den Oberbefehl

406-396 v. Chr. Krieg gegen das etruskische Veji

- Rom erobert Veji
- Beseitigung der Herrschaft der Etrusker

⚔ 387 v. Chr.

- Niederlage der Römer an der Allia gegen die Kelten
- Eroberung Roms
- Leisten von Tributzahlungen „vae victis“

etruskische Urne

♦ 348 v. Chr.

- Vertrag Roms mit Karthago
- Rom erkennt die Herrschaft Karthagos im westlichen Mittelmeer an

Samnite

343-341 v. Chr. 1. Samnitenkrieg

- Rom bekämpft den expandierenden Bund von Hirtenvölkern unter Führung der Samniten
- Kompromissfrieden (Klärung der Interessengebiete)

340-338 v. Chr. Latinerkrieg

- Die erbeuteten Rammsporne der latinischen Schiffe werden an der Rednertribüne des Forums befestigt
- Der Latinerbund wird zerschlagen, die Städte einzeln an Rom gebunden

Etrusker

Münze: Rammsporne am Forum

♦ 329 v. Chr.

- Endgültige Unterwerfung der Volsker durch Rom

326-304 v. Chr. 2. Samnitenkrieg

Roms Interesse an Neapel als Auslöser des Krieges

⚔ 321 v. Chr.

- Niederlage Roms in den Caudinischen Pässen
- Abzug der Truppen unter schimpflichen Bedingungen („Unterm Joch durch“)
- In der Folge baut Rom Straßen (Via Appia nach Capua) und Kolonialstädte als militärische Basen

SPQR-Stein

Lictor

500 v. Chr. | 400 v. Chr. | 340 v. Chr. | 330 v. Chr. | 320 v. Chr. | 310 v. Chr.

Roms Aufstieg in Italien

326-304 v. Chr. 2. Samnitenkrieg

♦ 310 v. Chr.
⚔ Römischer Sieg am Vadimonischen See

♦ 306 v. Chr.
- Erneuerung des Vertrags mit Karthago

⚔ um 305 v. Chr.
- Eroberung der samnitischen Hauptstadt Bovianum

♦ 304 v. Chr.
- Friedensschluss (Campanien fällt an Rom)

♦ 303 v. Chr.
- Vertrag Roms mit Tarent
- Römische Kriegsschiffe dürfen nicht in den Hafen von Tarent einlaufen

298-290 v. Chr. 3. Samnitenkrieg

Bündnis der Samniten, Etrusker, Kelten, Sabiner, Lukaner und Umbrer gegen Rom

♦ 298 v. Chr.
- Besetzung Bovianums durch die Römer

⚔ 295 v. Chr.
Sieg Roms bei Sentinum

♦ 290 v. Chr.
- Friedensschluss (Etrusker sind zur Folge verpflichtet)

Römischer Legionär

285-282 v. Chr. Kämpfe mit den Kelten (Senonen)

- Der sogenannte Ager Gallicus wird erobert, Kolonien werden gegründet
- Rom ist die Vormacht in Mittelitalien

282-272 v. Chr. Krieg Roms mit Tarent

- Interessenkonflikt um süditalienische Städte
- Überfall auf römische Flotte im Hafen von Tarent als Kriegsauslöser
- Tarent schließt Bündnis mit Pyrrhus von Epirus
- Dieser landet mit 20 000 Söldnern und 26 Kriegselefanten in Italien

Pyrrhus

⚔ 280 v. Chr.
Schlacht bei Heraclea

⚔ 279 v. Chr.
Sieg des Pyrrhus bei Ausculum unter hohen eigenen Verlusten (Pyrrhussieg)

♦ 278-275 v. Chr.
- Expedition des Pyrrhus nach Siziliengegen das mit Rom verbündete Karthago scheitert

⚔ 275 v. Chr.
Sieg Roms bei Beneventum

272 v. Chr. ♦
- Friedensschluss
- Unteritalienische Städte werden Bundesgenossen Roms

310 v. Chr. | 300 v. Chr. | 290 v. Chr. | 280 v. Chr. | 270 v. Chr.

Die Punischen Kriege

♦ 272 v. Chr.
- Mit Sieg über Tarent schließt Rom die Eroberung Italiens ab

264-241 v. Chr. Erster Punischer Krieg

♦ 264 v. Chr.
- Mamertiner in Messana (Messina) rufen Römer Hieron von Syrakus zu Hilfe
- Nach der Landung der Römer auf Sizilien verbünden sich Karthago und Syrakus
- Syrakus wechselt nach ersten Niederlagen auf die Seite Roms

♦ bis 261 v. Chr.
- Eroberung Ostsiziliens bis Agrigent durch die Römer

⚔ 260 v. Chr.
- Seesieg der Römer bei Mylae (unter Einsatz von Enterbrücken)

⚔ 256 v. Chr.
- Seesieg der Römer bei Ecnomus
- Landung der Römer in Afrika und Angriff auf Karthago

⚔ 255 v. Chr.
Schlacht bei Tunis (Sieg der Karthager)
- Die Reste der Römischen Armee gehen auf dem Rückzug im Sturm auf See unter
- Die Römer verlegen sich auf den Landkrieg auf Sizilien (Eroberung fast der ganzen Insel)

⚔ 250 v. Chr.
- Sieg der Römer bei Panormos und Niederlage bei Depranum
- Es folgt ein langwieriger Kleinkrieg

Römischer Legionär

⚔ 241 v. Chr.
- Entscheidender Seesieg der Römer bei den Ägatischen Inseln
- Karthago nimmt die Friedensbedingungen an
- Sizilien wird erste römische Provinz

♦ 238 v. Chr.
- Nach Kriegsdrohung Roms gibt Karthago Sardinien ab
- Thyrrenisches Meer wird zum „mare nostrum“

♦ ab 237 v. Chr.
- Neuorientierung der Karthagischen Politik
- Eroberung Teile Spaniens durch Karthago

270 v. Chr. | 260 v. Chr. | 250 v. Chr. | 240 v. Chr. | 230 v. Chr.

Die Punischen Kriege

218-201 v. Chr. 2. Punischer Krieg

♦ 229/228 v. Chr.
- Krieg Roms gegen illyrische Seeräuber

♦ 227 v. Chr.
- Gründung von Carthago Nova

♦ 226 v. Chr.
- Ebrovertrag

♦ 219 v. Chr.
- Konflikt um Sagunt, das von Karthago angegriffen wird

♦ 218 v. Chr.
- Hannibals Zug über die Alpen nach Oberitalien überrascht Römer
- Hannibal besiegt die Römischen Truppen an der Trebia

⚔ 222 v. Chr.
- Sieg der Römer gegen die Kelten in Oberitalien
- Bau der Via Flaminia

⚔ 221 v. Chr.
- Hannibal wird oberster Feldherr Karthagos

⚔ 219 v. Chr.
- Illyrische Küste wird römisch

Hannibal

⚔ 217 v. Chr.
- Sieg Hannibals am Trasimenischen See
- Siege des P. und Cn. Cornelius Scipio an der Ebromündung und Einnahme von Sagunt

⚔ 216 v. Chr.
- Vernichtende Niederlage der Römer bei Cannae
- Hannibal steht vor Rom, kann Stadt aber nicht belagern (ante portas)

♦ 215 v. Chr.
Hieron II. von Syrakus und Philipp V. schließen sich Hannibal an

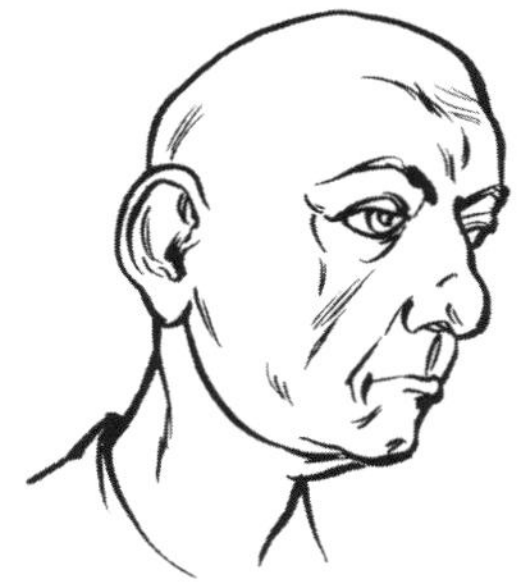

Scipio

⚔ 212 v. Chr.
- Eroberung von Syrakus
- † Archimedes „Störe meine Kreise nicht“
- Hannibal erobert Tarent

⚔ 211 v. Chr.
Eroberung des abgefallenen Capuas durch die Römer

♦ 208 v. Chr.
Hasdrubal zieht nach Italien, mit Verstärkung für Hannibal

⚔ 207 v. Chr.
Sieg der Römer über Hasdrubal, der in der Schlacht fällt

♦ 206 v. Chr.
Nach römischen Siegen Ende der karthagischen Herrschaft in Spanien

♦ 204 v. Chr.
- Überfahrt Scipios nach Afrika
- Hannibal gezwungen, ihm zu folgen
- Entscheidende Schlacht und Sieg der Römer bei Zama
- Harte Friedensbedingungen für Karthago, scheidet als Machtfaktor im Mittelmeer aus

Karthagischer Kriegselefant

Archimedes von Syrakus

230 v. Chr. | 220 v. Chr. | 210 v. Chr. | 200 v. Chr. | 190 v. Chr.

Die Eroberung des Ostens

200-197 v. Chr. 2. Makedonischer Krieg

218-201 v. Chr. 2. Punischer Krieg

- Rom reagiert auf ein Hilfegesuch Pergamums, Rhodos' und Athens
- T. Quinctius Flaminius führt ein römisches Heer nach Thessalien

Flaminius

215-205 v. Chr. 1. Makedonischer Krieg

♦ 215 v. Chr.
- Bündnis Hannibals mit Philipp V. von Makedonien

♦ 212 v. Chr.
- Rom schließt ein Bündnis mit dem Ätolischen Bund

♦ 211 v. Chr.
- Sparta und weitere Staaten schließen sich dem Bündnis an

♦ 209 v. Chr.
- Attalos von Pergamum schließt sich dem Bündnis an

♦ 205 v. Chr.
- Friedensschluss zwischen Rom und Makedonien

⚔ 197 v. Chr.
- Sieg der Römer bei Cynoscephalae (Hundskopf)
- Makedonien zum Friedensschluss gezwungen
- Auslieferung der Flotte bis auf sechs Schiffe
- Philipp V. verzichtet auf den Anspruch der Hegemonie in Griechenland

♦ 196 v. Chr.
- T. Quinctius Flaminius gibt bei den Isthmischen Spielen in Korinth eine Freiheitserklärung für alle griechischen Staaten ab

♦ 194 v. Chr.
- Griechenland wird von den römischen Truppen geräumt

♦ 192-188 v. Chr.
- Antiochos III. Herrscher des Seleukidenreichs versucht, ptolemäische Besitzungen in der Ägäis zu erobern
- Er verbündet sich mit dem Ätolischen Bund
- Es kommt zum Interessenskonflikt mit Rom

Antiochos

♦ 192 v. Chr.
- Antiochos landet in Thessalien

⚔ 190 v. Chr.
- Schlacht bei Magnesia, die mit dem Sieg der Römer unter Cornelius Scipio und Scipio Africanus endet

♦ 189 v. Chr.
- Der Ätolische Bund gibt sich nach der Einnahme von Ambracia geschlagen

♦ 188 v. Chr.
- Friede von Apamea (Antiochos muss 15.000 Talente zahlen)
- Die abgetretenen Gebiete fallen an Pergamum (den Verbündeten Roms)

Rom ist die Herrin des östlichen Mittelmeers

♦ 183 v. Chr.
- Hannibal begeht Selbstmord, nachdem Rom seine Auslieferung verlangt
- Auch sein römischer Gegenspieler stirbt nach der Anklage wegen Unterschlagung

Makedonischer Reiter

Griechische Kunst kommt nach Rom

Hannibal

220 v. Chr. | 210 v. Chr. | 200 v. Chr. | 190 v. Chr. | 180 v. Chr. | 170 v. Chr.

Die Eroberung des Ostens

171-168 v. Chr. 3. Makedonischer Krieg

- Perseus (Sohn Philipps V.) versucht erneut, die Position Makedoniens in Griechenland zu stärken
- Römische „Strafexpedition" zunächst wenig erfolgreich

⚔ 168 v. Chr.
- Schlacht bei Pydna (Sieg der Römer unter Aemilius Paulus gegen die makedonische Phalanx) Perseus wird gefangengenommen, Makedonien aufgeteilt

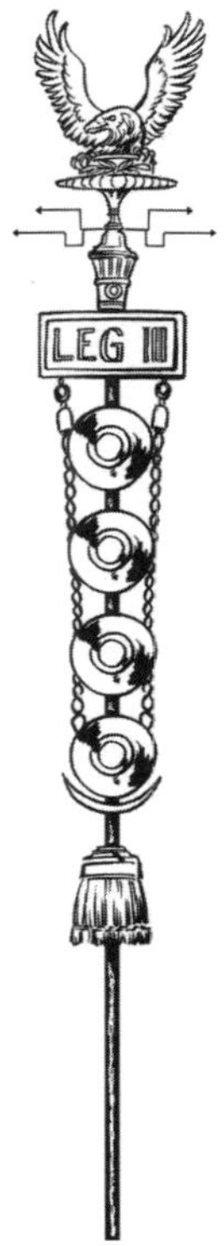

Legionsadler

Makedonische Phalanx

149-146 v. Chr. 3. Punischer Krieg

Catos Kriegshetze
„ceterum censeo Carthaginem esse delendam"

♦ 146 v. Chr.
- Endgültige Zerstörung Karthagos
- „Umpflügen und Ausstreuen von Salz" als Ausdruck für die Zerstörung
- Überlebende werden in Sklaverei verkauft
- Karthagisches Gebiet wird römische Provinz

♦ 148 v. Chr.
- Nach Aufstand wird Makedonien römische Provinz

⚔ 146 v. Chr.
- Aufstand des Achäerbundes und Zerstörung von Korinth Gebiete fallen unter Verwaltung der römischen Provinz Makedonien

136-132 v. Chr. Erster Sklavenkrieg

- Erster (von Eunus geführter) Sklavenkrieg ausgelöst in Sizilien
- Blutige Niederschlagung (20 000 Kreuzigungen)

♦ 133 v. Chr.
- Attalos von Pergamum vererbt sein Reich an Rom (129 v. Chr. wird es römische Provinz)

Römischer Legionär

Attalos

170 v. Chr. | 160 v. Chr. | 150 v. Chr. | 140 v. Chr. | 130 v. Chr. | 120 v. Chr.

Marius, Sulla und Pompeius

Marius (156-86 v. Chr.)

Sulla (138-78 v. Chr.)

Pompeius (106-48 v. Chr.)

⚔ 113 v. Chr. Niederlage der Römer bei Noreia

113-101 v. Chr. Krieg gegen die Cimbern und Teutonen

111-105 v. Chr. Jugurthinischer Krieg (Afrika)

Beginnt mit einer Reihe von Misserfolgen durch Unfähigkeit und Korruption der Römer

♦ 106 v. Chr.
- Beendigung des Krieges durch Marius' Gefangennahme des Jugurtha
- Teil Numidiens wird römische Provinz

♦ 105 v. Chr.
⚔ Niederlage der Römer bei Arausio

♦ 104 v. Chr.
- Marius wird Konsul, führt Heeresreform durch (größere operative Einheit, die Kohorte, entsteht, Söldnerarmee)

♦ 102 v. Chr.
- Marius besiegt die Teutonen in der Schlacht von Aquae Sextiae

♦ 101 v. Chr.
- Marius besiegt die Cimbern in der Schlacht von Vercellae

♦ 100 v. Chr.
- Siedlungsprogramm des Apuleius Saturnius zusammen mit Marius (zum 6.Mal Konsul) scheitert am Wiederstand der Optimaten

88-85 v. Chr. 1. Mithridatischer Krieg
- Der Krieg beginnt mit dem Angriff des Mithridates von Pontus auf römischem Gebiet
- Aufruf an die Griechen zum Aufstand gegen Rom
- Bei der „Vesper von Ephesus" werden 80.000 Römer in Kleinasien ermordet
- Mit dem Streit um den Oberbefehl beginnt in Rom ein Bürgerkrieg
- Sulla besetzt mit seinen Truppen Rom und stellt die Senatsherrschaft wieder her

♦ 86 v. Chr.
- Schreckensherrschaft des Marius und Cinna während des 7.Konsulats des Marius
- Siege Sullas in Griechenland (Einnahme Athens und Niederlage des Mithridates bei Chaeronea)

♦ 84 v. Chr.
- Römisches Friedensdiktat von Dardanus

Diktatur des Sulla (82-79 v. Chr.)

83-81 v. Chr. 2. Mithridatischer Krieg

81 v. Chr. ♦
- Römer setzen Friedensbedingungen durch

83 v. Chr. ♦
- Sulla kehrt nach Rom zurück und besiegt in der Schlacht am Collinischen Tor die Marianer
- Rückeroberung der Provinzen Sizilien und Afrika durch Pompeius

Römischer Legionär (Maultier des Marius)

Marius

Sulla

110 v. Chr. | 100 v. Chr. | 90 v. Chr. | 80 v. Chr.

Marius, Sulla und Pompeius

Sulla

Pompeius (106-48 v. Chr.)

Mithridates, König von Pontos

74-64 v. Chr. 3. Mithridatischer Krieg

73-71 v. Chr. Sklavenaufstand des Spartakus
- zuletzt von Pompeius niedergeschlagen

Gladiatorenhelm

♦ 70 v. Chr.
- Konsulat des Pompeius und Crassus
  (Aufhebung der Sullanischen Gesetze, mehr Mitbestimmung für die „Popularen-Partei")

♦ 67 v. Chr.
- Beendigung des Kriegs gegen die Seeräuber

♦ 66 v. Chr.
- Oberbefehl des Pompeius gegen Mithridates

♦ 64 v. Chr.
- Sieg des Pompeius und Neuordnung des Ostens

Pompeius

Diktatur des Sulla (82-79 v. Chr.)

Proscription (Ächtung) von 90 Senatoren und 2600 Rittern

♦ 79 v. Chr.
- Sulla beendet Diktatur freiwillig
- Wiederherstellung der republikanischen Verfassung

♦ 77-71 v. Chr.
- Pompeius besiegt die letzten Marianer in Spanien und stabilisiert die römische Herrschaft in Spanien

Münze zum Triumph Sullas

80 v. Chr. | 70 v. Chr. | 60 v. Chr.

Caesar

Marcus Tullius Cicero (106 v. Chr.-43 v. Chr.)

Gaius Julius Caesar (100-44 v. Chr.)

58-51 v. Chr. Eroberung Galliens

49-46 v. Chr. Bürgerkrieg

♦ 65 v. Chr.
- Caesar wird Ädil

♦ 62-63 v. Chr.
- „Catilinarische Verschwörung“

♦ 62 v. Chr.
- Caesar wird Prätor

♦ 61 v. Chr.
- Caesar wird Statthalter in Spanien

♦ 60 v. Chr.
- 1. Triumvirat zwischen Pompeius, Crassus und Caesar

♦ 59 v. Chr.
- Caesar wird Konsul
- Caesar erhält die Provinven Gallia Cisalpina Illyricum und Gallia, Prokonsulat auf 5 Jahre

Römischer Beamter

Pompeius

Crassus

♦ 55 v. Chr.
- Expedition nach Großbritannien

♦ 55 v. Chr.
- Konsulat des Pompeius und Crassus

⚔ 53 v. Chr.
- Niederlage und Tod des Crassus bei Carrhae gegen die Parther
- Verlust der Legionsadler

⚔ 52 v. Chr.
- Eroberung von Alesia und Kapitulation des gallischen Fürsten Vercingetorix

Statue des Vecingetorix in Frankreich

♦ 49 v. Chr.
- Caesar überschreitet den Rubicon
- Beginn des Bürgerkrieges

Julius Caesar

♦ 9.8.48 v. Chr.
- Sieg Caesars über Pompeius bei Pharsalus (20.000 Pompeianer werden gefangengenommen)
- Pompeius flieht nach Ägypten, Caesar folgt ihm

♦ 48-47 v. Chr. Caesar in Ägypten
- Pompeius wird in Ägypten ermordet
- Caesar muss sich in Alexandria gegen die Ägypter verteidigen, dabei geht die Bibliothek in Flammen auf.
- Caesar setzt Kleopatra als Königin ein, ihr Bruder wird abgesetzt

⚔ 47 v. Chr.
- Schlacht bei Zela gegen Pharnakes von Pontus „veni vidi vici“

♦ 46 v. Chr.
- Nach Caesars Sieg bei Thapsus begeht Cato Selbstmord
- Caesar kehrt nach Rom zurück und hält den Triumphzug
- Vercingetorix wird hingerichtet

♦ 45 v. Chr.
- Caesar wird Diktator auf Lebenszeit, Imperator, Konsul auf 10 Jahre, Pontifex Maximus, Träger der tribunicia potestas

♦ 15.2.44 v. Chr.
- Caesar lehnt die „Königskrone“, die ihm Brutus anträgt, ab

♦ 15.3.44 v. Chr.
- Iden des März (Ermordung Caesars durch eine Senatorenverschwörung unter Cassius und Brutus)

Münze der Caesarmörder

60 v. Chr. | 50 v. Chr. | 40 v. Chr.

Augustus

C. Octavius (Octavian AUGUSTUS 63 v. Chr.-14 n. Chr.)

♦ 45 v. Chr.
- Caesar wird Diktator auf Lebenszeit

♦ 15.3.44 v. Chr.
- Iden des März (Ermordung Caesars)
- Octavian ist von Caesar adoptiert und als Erbe eingesetzt worden
- Die Caesarmörder müssen (obwohl vom Senat amnestiert) Rom verlassen
- Es beginnt der Kampf um die Macht (zwischen Antonius, Octavian und Caesarmördern)

♦ 11.11.43 v. Chr.
- 2. Triumvirat
- Schreckensherrschaft in Rom durch die Proscriptionen
- 200 Senatoren und 2000 Ritter, darunter auch Cicero, fallen diesen zum Opfer

⚔ 42 v. Chr.
- Doppelschlacht bei Philippi (Antonius schlägt sowohl Brutus als auch Cassius)
- Antonius geht nach Ägypten

♦ 40 v. Chr.
- Verständigung von Brundisium
- Reichsteilung, Antonius erhält den reichen Osten

♦ 36 v. Chr.
- Nach Trennung von Octavians Schwester (Octavia):
- Vermählung des Antonius mit Kleopatra
- Veröffentlichung des Testaments des Antonius

32-30 v. Chr. Krieg Octavians gegen Ägypten

⚔ 31 v. Chr.
Seeschlacht bei Actium

♦ 3.8.30 v. Chr.
- Einnahme Alexandrias
- Selbstmord von Antonius und Kleopatra
- Ägypten wird römische Provinz

♦ 13.1.27 v. Chr.
- Wiederherstellung der Republik

♦ 16.1.27 v. Chr.
- Verleihung des Ehrenamtes Augustus an Octavian

♦ 25-27 v. Chr.
- Neuordnung der Provinzen Gallien und Spanien

♦ 19 v. Chr.
- Imperium Consulare auf Lebenszeit

♦ 17 v. Chr.
- Säkularfeier der Stadt Rom – Verkündung der Pax Augusta

♦ 15 v. Chr.
- Vorstoß bis an die Donau durch Drusus und Tiberius
- Erstes Militärlager am Lech, aus dem später Augsburg entsteht
- Augustus erhält die Tribunicia Potestas

♦ 12-9 v. Chr.
- Vorstoß des Drusus bis zum Rhein

♦ 12 v. Chr.
- Augustus wird Pontifex Maximus

♦ 30.1.9 v. Chr.
- Einweihung des Friedensaltars (ara pacis Augustus)

Octavian

Kleopatra

Augustus

♦ 26.4.4 n. Chr.
Tiberius wird von Augustus adoptiert und als dessen Nachfolger bestimmt

⚔ 9 n. Chr.
- Schlacht im Teutoburger Wald, drei römische Legionen werden vernichtet
- Die Provinz Germania wird aufgegeben

♦ 19.8.14 n. Chr.
Augustus stirbt in Nola: Vergöttlichung

Münze mit Octavia und Marc Anton

50 v. Chr. | 40 v. Chr. | 30 v. Chr. | 20 v. Chr. | 10 v. Chr. | 0 | 10 n. Chr. | 20 n. Chr.

Die Römer in Germanien

113-101 v. Chr. Krieg gegen die Kimbern und Teutonen

⚔ 113 v. Chr.
Niederlage der Römer bei Noreia

⚔ 105 v. Chr.
Niederlage der Römer bei Arausio

⚔ 102 v. Chr.
Marius besiegt die Teutonen in der Schlacht von Aquae Sextiae

⚔ 101 v. Chr.
Marius besiegt die Cimbern in der Schlacht von Vercellae

Marius

♦ 55 v. Chr.
- Erster Rheinübergang Caesars
- Kämpfe mit Ariovist
- Caesar nimmt Germanen in seine Reiterei auf

♦ 53 v. Chr.
- Zweiter Rheinübergang Caesars

Julius Caesar

♦ 15 v. Chr.
- Stiefsöhne des Augustus (Drusus und Tiberius) stoßen zur Donau vor
- Errichtung der Provinzen Raetien und Noricum
- Gründung verschiedener Militärposten, die sich zu Städten entwickeln (Augusta Vindelicorum und Cambodunum)

♦ 13/12 v. Chr.
- Drusus sichert Grenze entlang des Rheins
  Es entstehen die Lager Bonna, Asciburgium, Castra Vetera sowie Mogontiacum

♦ 12 v. Chr.
- Flottenvorstoß über Nordsee die Flüsse Elbe und Ems hinauf

12-9 v. Chr. Germanenkriege des Drusus
- Drusus führt vier Feldzüge, unterwirft Bataver, Friesen und Chauken
  Er erreicht nach weiteren Kämpfen gegen die Quaden/Markomannen die Elbe

8-6 v. Chr. Feldzug des Tiberius
- Vorstoß bis zur Elbe

4 v. Chr.-6 n. Chr. Kampf des Tiberius in Germanien
- Vertrag mit den Cheruskern
- Kämpfe gegen die Markomannen müssen abgebrochen werden
- Nach Siegen gegen die Pannonier ist die Donaugrenze gesichert (Pannonien wird römische Provinz)

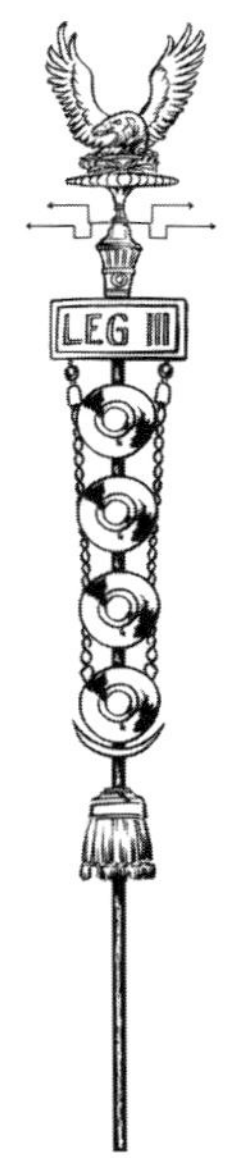

Legionsadler

Germane

Arminius – Herrmannsdenkmal

⚔ 9 n. Chr.
Varusschlacht
- Drei römische Legionen werden von Germanen unter Arminius, einem Cheruskerfürsten, vernichtet. Die römische Provinz Germania wird aufgegeben (der Rhein wird Grenze)

113 v. Chr. | 102 v. Chr. | 101 v. Chr. | 10 v. Chr. | 0 | 10 n. Chr.

Die Römer in Germanien

⚔ 66 n. Chr.
Niederschlagung von Aufständen der Bataver am Rhein

⚔ 69 n. Chr.
Bataveraufstand

⚔ 74 n. Chr.
- Eroberung des Neckargebiets unter Vespasian (Agri decumanes)

♦ 83 n. Chr.
- Feldzug gegen die Chatten
- Baubeginn des Limes
- Errichtung der beiden Provinzen
- Germania Superior und German a Inferior

Marc Aurel

178-180 n. Chr. Feldzug Marc Aurels gegen die Markomannen
- Gründung des Legionslagers Castra Regina (Regensburg)

Vespasian

Tiberius

Der Limes

♦ 260 n. Chr.
- Der Germanische Limes wird aufgegeben, der Rhein bleibt Grenze
- Aufgabe auch der beiden germanischen Provinzen

⚔ 14-16 n. Chr.
Niederschlagung der Meuterei bei den Rheinlegionen durch Tiberius
- Feldzug des Gemanicus (Ein Adler der Varuslegionen kann zurückgewonnen werden.) Die Frau des Arminius, Thusnelda, wird an die Römer ausgeliefert

⚔ 16 n. Chr.
Verlustreiche Schlacht an den pontes longi
- Germanicus kann den zweiten Varusschlachtadler zurückgewinnen
- Wegen hoher Kosten und Verluste wird das Unternehmen abgebrochen

Thusnelda, Frau des Arminius

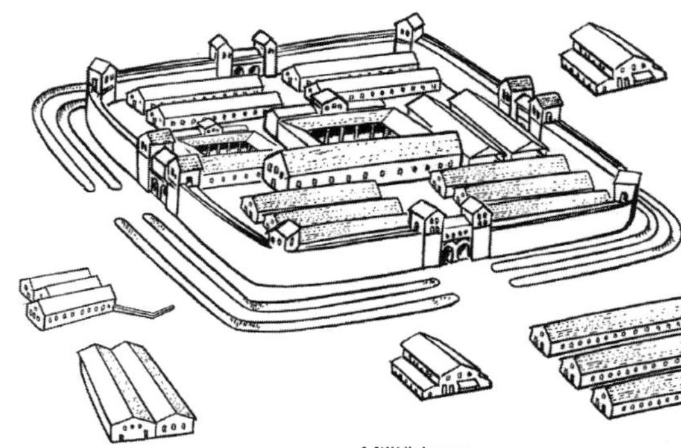
Militärlager

15 n. Chr. | 70 n. Chr. | 80 n. Chr. | 178 n. Chr. | 179 n. Chr. | 180 n. Chr. | 260 n. Chr.

Die Entstehung des Christentums

♦ 30 oder 31
† Tod Jesu Christi am Kreuz

♦ ca. 33
† Märtyrertod des Stephanus
- Saulus wird zum Paulus

♦ ca. 49
- Apostelkonzil in Jerusalem
- Ausweisung der Juden aus Rom
- 2. Missionsreise des Paulus: Christentum erreicht Europa

♦ 50-64
Paulusbriefe

♦ 50
Gründung einer Gemeinde in Korinth

♦ 53
Apostel Thomas erreicht Indien: Missionierung

♦ 64
- Christenverfolgung unter Nero: Tod von Petrus und Paulus

♦ 66-70
Erster jüdischer Aufstand

⚔ 70 Zerstörung Jerusalems und des Tempels

♦ 81-96
Christenverfolgung unter Domitian

♦ 132-135
- Zweiter jüdischer Aufstand unter Bar Kochba, völlige Zerstörung Jerusalems
- Umbenennung Judäas in Palästina

♦ 178
Irenäus wird Bischof von Lyon

♦ 249-251
Christenverfolgung im Osten durch Kaiser Decius

♦ ca. 300
Antonius, Eremit in der Wüste

Kirchenvater Athanasius (295-373)

♦ 306
Synode von Elvira

♦ 303-311
Letzte Christenverfolgung unter Diokletian

♦ 312
Schlacht an der Milvischen Brücke
Konstantin siegt im Zeichen des Kreuzes

♦ 313 Gewährung von Religionsfreiheit

♦ ca. 320
- Erste Klostergründung

♦ 325
- Konzil von Nicäa

Kirchenvater Basilius (330-379)

Kirchenvater Gregor von Nyssa (335-394)

Kirchenvater Hyronimus (347-420)

Kirchenvater Augustinus (354-430)

♦ 381
Erstes Konzil von Konstantinopel

♦ 391
Theodosius I.: Christentum wird Staatsreligion im Römischen Reich

♦ 431
- Konzil von Ephesos

♦ 432
- Patrick: Wirken in Irland

♦ 451
- Konzil von Chalcedon

Benedikt von Nursia
(480-550)
Gründer der Benediktiner

Tod Jesu Christiankreuz

Titusbogen: Tempelplünderung in Jerusalem

Nero

Ichthys, Symbol der Christen

Theodosius I.

0 50 100 150 200 250 300 350 400 450 500